JN221393

ビジュアル版

一冊でつかむ日本のしきたり

監修 永田美穂

河出書房新社

はじめに

日本では長い歴史のなかでさまざまな「しきたり」が生まれ、多くの日本人がそれに従って生活してきました。

そもそもしきたりとは、「為来り（しきたり）」あるいは「仕来り（しきたり）」と書き、これまでに伝えられてきた古式に則って（のっと）物事を行うことを意味します。つまり日々の暮らし、自然や季節、祭りや儀礼などに立脚した文化と、農耕社会のなかで培われた日本人ならではの穏やかな精神性や思い・願いが融合して形成されたものといえるでしょう。

そんな日本のしきたりについて、デジタル化が進んだ現代社会においては、多くを知らない世代も増えてきています。「もはや必要ない」と顧み（かえり）ない人もいるかもしれません。しかしながら、先人たちが伝え続けてきた行事や作法は今も生活に息づいており、私たちの生活を豊かなものにしてくれています。

たとえば、大晦日（おおみそか）には年越しそばを食べて除夜（じょや）の鐘（かね）を聞きながら新年

第一章

正月行事のしきたり

お正月は一年のはじまり。新たな年に恵みをもたらしてくれる年神様をお迎えし、お祝いします。その盛大な行事について見ていきましょう。

イザという時に便利な

お作法手帖

神社参拝の作法

初詣（はつもうで）に行かなければ新年がはじまらない、という人は少なくないでしょう。ただし、神社は神様がおわす神聖な場所。正しい作法で一年の最初の挨拶をしましょう

鳥居前で一礼

神社の鳥居の向こうは、神様がおわす神聖な空間。その空間にしれっと入ってしまえば失礼にあたるので気をつけましょう。まずは鳥居の前で一礼し、心中で「神様のもとへ参らせていただきます」と念じてから境内に入りましょう

左側を歩く

参道の中央は神様が通る場所です。参拝者は中央を避け、左端に寄って進むようにします。大きな声で話したりするのは厳禁です

中央は避け、左側を歩く

手水舎（ちょうずや）で心身を浄める

参道を進んでいく途中で立ち寄る場所が手水舎です。神様の前に出るに際し、ここで手と口をすすぎ、心身を浄める（きよめる）のです。手水舎は伊邪那岐神（いざなぎのかみ）の禊祓（みそぎはらえ）の儀式を簡略化したものとされています

1. 右手で水をくみ、左手を浄める
2. 柄杓（ひしゃく）を持ち替え、右手を浄める
3. 左手の掌で水を受ける
4. 受けた水で口をすすぐ
5. 右手で水をくみ、左手を浄める
6. 柄杓を立てて水を切り、もとの場所に戻す

もくじ

第一章 正月行事のしきたり

を迎えます。お正月にはおせち料理を食べ、初詣（はつもうで）に出かけて一年の健康や幸せを祈願します。また、知り合いに会えばお辞儀をし、祝い事があれば熨斗や水引のついたご祝儀袋に金一封を包んで渡し、厄年になれば寺社で厄払いをしてもらいます。

ただし、今は令和の時代。そうしたしきたりの意味まではわからないという人がほとんどでしょう。そこで本書は年中行事をはじめ、日常生活における作法、人生の通過儀礼といった暮らしに根ざしたしきたりにどんな意味が込められているのか、どんな経緯で生まれたのかを解説するとともに、実際に活用できる知識を図解で紹介しています。

本書を通じて、日本人が生み出したしきたりを改めて知り、慌ただしい日常を豊かなものにしていただけたら幸いです。

永田美穂

二拝二拍手一礼

拝殿に到達したら、お賽銭を奉納し、鈴を鳴らします。鈴を鳴らすのは美しい音で邪気を払い、神様を呼び起こすためです。そして拝礼は二拝二拍手一礼が基本とされています

1 最初に軽くお辞儀（じぎ）をする

2 深いお辞儀を二回する

3 拍手を二回打つ

4 深いお辞儀を一回し、願い事をする

おみくじはどうする？

参拝を終えた後、おみくじを引いたら、その結果がどうであろうと素直に受け入れることが大切です。引いたおみくじは捨てたりせず、境内の結び場に結ぶか、家に持ち帰るかしましょう（96ページ参照）

御朱印は参拝後に

御朱印集めを趣味にしている人が増えています。御朱印目的で参拝する場合でも、先に参拝するのがマナーです。御朱印だけもらってすぐ帰るようなのはNGです。

絵馬の書き方

特別な願い事があるときは、絵馬を奉納するとよいでしょう。「〇〇大学に合格しますように」といった具合に、絵馬の裏側に願い事を具体的に書くのがポイントです。

12月28日までに準備

注連飾り

玄関に飾りをつけて年神様に神聖な場所であることを示す

新年を迎える前に、いろいろと準備をしなければなりません。その準備のひとつが注連飾りの用意です。

注連飾りとは、神社などに張り巡らされている注連縄に、子孫が代々栄えるよう願いを込めた橙（ミカン）、子孫繁栄を願うゆずり葉、末永い家の繁栄を意味する末広がりの扇藁でできた前垂れなどをつけたもの。注連縄は、天照大神が天の岩屋に隠れないように岩屋戸に張った尻久米縄に由来するとされています。

その注連飾りを家の玄関などにつけておくことにより、年神様に神聖な場所であることを示すのです。

使える！知識 注連飾りの飾り方

- いつ飾る？→12月13日のすす払いが終わってから28日頃までに飾る
- 外す日は？→松の内（1月1～7日。地域によっては15日まで）を過ぎたら外す
- 外したあとは？→1月15日に行われる左義長（どんど焼き）で焼く

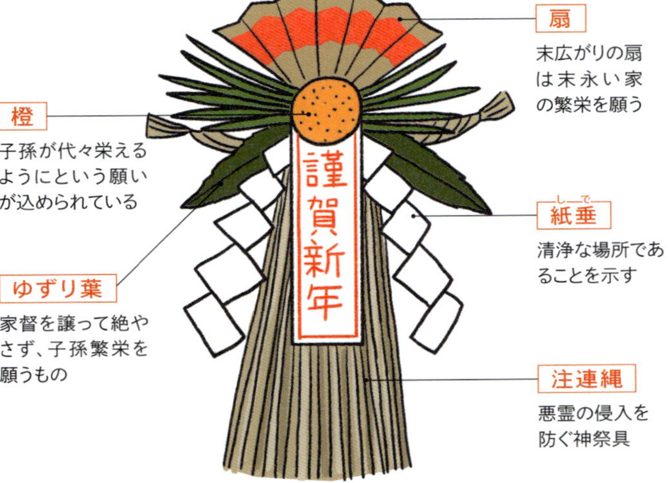

門松(かどまつ)

年神様を招き入れるため注連飾りとともに立てておく

門松は松と竹を使ってつくる正月飾りです。

古くは松に限らず杉や榊(さかき)なども使われましたが、平安時代に「神様を待つ(松)」という意味で松が主となり、鎌倉時代末頃から室町時代にかけて竹が加えられました。松や竹は常に青々としており、生命力や長寿・繁栄の象徴とされたのです。その後、江戸時代には生命力の強さが子孫繁栄につながるとされた梅も加えられました。

門松を門の前に立てておくと、その家を訪れる年神様の目印となり、スムーズに家のなかに入ってこられるのです。

使える!知識 門松の飾り方

松
竹と同じく常に緑の葉をつけており、長寿・繁栄を意味する

竹
常に青々と茂っており、折れにくいため、生命力の象徴とされる。色の変化のなさは長寿を意味する

梅
つぼみが固いため節操があるとされ、生命力の強さは子孫繁栄につながるとみなされる

- いつ飾る?→注連飾り同様、12月13日から28日頃まで。「苦」に通じる29日、「一夜飾り」になる31日は避ける
- 外す日は?→松の内を過ぎたら外す
- 外したあとは?→1月15日の左義長(どんど焼き)で焼く
- 住宅事情により、簡素なつくりにしてもかまわない

12月
31日

大晦日（おおみそか）

家族みなで年越し蕎麦を食べて一年を締めくくる

十二月三十一日を大晦日といいます。「晦日（みそか）」とは毎月の末日のことで、十二月の晦日は一年の最後の末日であることから「大」をつけて大晦日となりました。

現在は大晦日を終えて新年を迎えるのが一般的ですが、昔は大晦日の夜から新年がはじまっていました。日没が一日の終わりとされ、大晦日に日が沈んだら一年の終わりと考えられていたためです。

そんな節目のときですから、多くの伝統行事や風習が今に伝えられています。

除夜の鐘で煩悩（ぼんのう）を消す

そのひとつが掃（は）き納（おさ）め。元旦（がんたん）では年神様のもたらした福まで掃いてしまうので、大晦日に掃除をして新年を迎えます。

夜にはお風呂に入り、一年の垢（あか）を落とします。これを年の湯といいます。

そして年越しそばを食べます。年越しそばは江戸時代から続く風習。月末に忙しく、食事をそばだけですませていた商家の「晦日（みそか）そば」に由来するといわれていますが、「細く長く暮らせるように」という縁起担ぎが起源ともされています。

深夜〇時には、お寺から除夜の鐘が聞こえてきます。一〇八回つく理由については諸説ありますが、人間の一〇八の煩悩を消すためともいわれています。

大晦日にやることリスト

年の湯につかる

ゆっくりと湯につかり、一年の垢を落とす。その年を振り返り、さっぱりした気持ちで新年を迎えるとよい

掃き納めをする

大晦日のうちに掃除をして新年を迎える。元旦になってから掃除をすると、年神様のもたらした福まで掃いてしまう

年越しそばを食べる

「細く長く暮らせるように」という縁起担ぎが起源とされる。江戸時代から続く、よく知られた風習

年取り膳を食べる

新たな年神様をお迎えするため、ご馳走を用意してお供えした後、その膳と同じものを家族みなで食べる

除夜の鐘を聞く

お寺で108回つかれる除夜の鐘の音を聞く

108回の由来（煩悩説）

除夜の鐘を108回つくのは、人間がもつ悪しき心である108の煩悩をひとつずつ消すためだとされている

六根＝人間の感覚器官
眼（げん）・耳（に）・鼻・舌・身・意

×

三不同＝六根を感じる状態
好・悪・平

×

二種＝三不同を感じる程度
染・浄

×

三世（さんぜ）＝人間を煩わす世界
過去・現在・未来

▼

108

1月
1~7日

お正月

**初日の出、おせち料理、お年玉、初詣……
年神様と過ごす一年のはじまり**

一年のはじまりとなるお正月は、誰にとっても特別な時期といえるでしょう。おせち料理やお雑煮(ぞうに)を食べたり、初詣(はつもうで)に出かけたりと、多くの人にとって、最もなじみ深い年中行事のひとつです。

もともとお正月は、年神様(としがみ)をお迎えするための行事でした。

「歳徳神(としとくじん)」「お正月様」などとも呼ばれる年神様は、各家のご先祖様でもあります。昔の人々はご祖先様の霊、すなわち年神様がその家の田や山に降り、子孫を見守ってくれると考えていました。そこでお正月には、年神様をお迎えしてお祝いする行事や風習が多くなったのです。

家族みなでハレの日を祝う

また昔の庶民には誕生日をお祝いする習慣がなく、一月一日にみな一斉にひとつ年をとると考えられていました。

つまり、お正月は年神様から新しい魂をいただく時期でもあり、その感謝の気持ちも込めてお祝いしたのです。

お正月のお祝いのしかたはさまざまです。その年にはじめて昇る太陽に一年の幸せを願う、縁起物が詰められたおせち料理を食べる、子どもにお年玉を与える、初詣に出かける――。そうして家族みなでハレの日をお祝いするのです。

お正月のお祝いの仕方

お雑煮を食べる

大晦日に年神様にお供えしたお餅などを食べ、年神様から力を授かる（32ページ参照）

初日の出を見る

初日の出はその年のいちばん最初に昇る太陽。一年の幸せを祈願する

お屠蘇を飲む

邪気を払い、生気を蘇らせるとされ、一年の無病息災・長寿を願って飲む（33ページ参照）

おせち料理を楽しむ

おせち料理は年神様へのお供え物。縁起物がたくさん詰まっている（30ページ参照）

初詣に行く

その年の最初に神社やお寺にお参りし、一年の幸せを祈願する（28ページ参照）

お年玉を与える

年神様へお供えされた丸い鏡餅に由来し、それを家族に分け与える

1月
1~7日

鏡餅（かがみもち）

お正月のシンボル・鏡餅。鏡とお餅にどんな関係があるのか？

鏡餅はお正月のシンボルといっても過言ではありません。人の手でつき、人の手でつくられた鏡餅は、実にふくよかで力強く、その姿に思わず見とれてしまいます。コンビニなどで売っている平たい鏡餅には感じえない美しさです。

実は鏡餅は鏡、具体的には丸い形の銅鏡（どうきょう）に由来するといわれています。昔の人々は太陽の光を反射し、明るく耀く（かがや）鏡に神様が宿ると考えていました。伊勢神宮のように、鏡を御神体（ごしんたい）として祀る（まつ）神社も少なくありません。

また、お餅に関しては稲の霊が宿った神聖な食べ物とされていました。

そんなお餅を鏡に見立てて「鏡餅」と呼び、お正月に年神様の依代（よりしろ）としてお供えして一年の豊作と平安を祈ったのです。

鏡餅を飾る

鏡餅の飾りつけは、地域によって異なりますが、一般的には橙（だいだい）（ミカン）、裏白（うらじろ）、御幣（ごへい）などが飾られます。

橙は家が代々栄えるようにと願うもの、ゆずり葉は子孫の繁栄を祈るもの、裏白は清廉潔白と長寿を意味し、御幣は神様への捧げ物を意味する神祭用具です。

縁起物の海の幸（さち）・山の幸を飾りに加えることもあります。

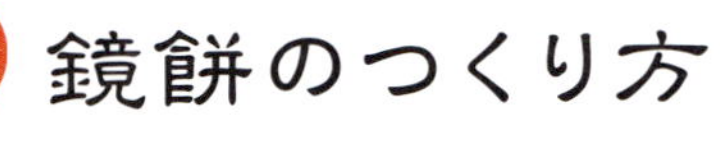

使える！知識　鏡餅のつくり方

本格的な鏡餅をつくるのが難しい場合は、略式でよい。お盆に大小のお餅をのせ、その上にミカンを置く

丸餅を重ねて三方にのせ、そのまわりに橙、裏白、御幣などを飾る。縁起物の海の幸・山の幸を飾りに加えてもよい

しきたりの心

1月11日には鏡開きを行う

お正月が終わり1月11日になったら、お供えしていた鏡餅をおろして割り、お雑煮やお汁粉にして食べます。このとき重要なのが割り方。お餅を包丁のような刃物で切るのはご法度とされ、木づちで叩いて割るか、手で割るかしなければいけません。その理由としては、お餅に年神様が宿っているからとも、武家では「切る」が切腹を連想させて縁起が悪いからともいわれています。いずれにしろ、お供えしていたお餅を食べることにより、1年間健やかで幸せになると考えられてきました。

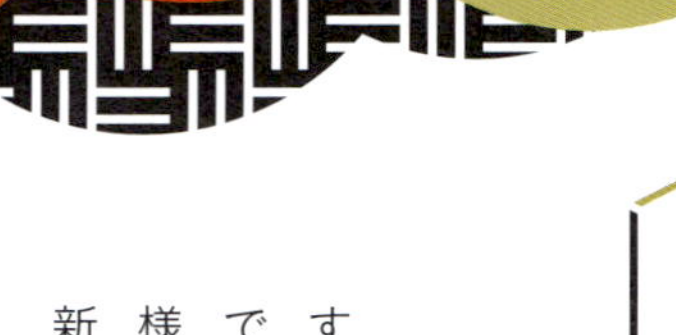

1月
1~7日

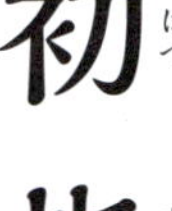

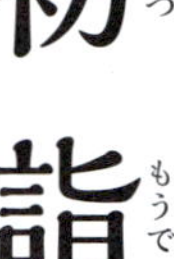

初詣（はつもうで）

鉄道会社の宣伝で盛況に？ 神社やお寺への最初のご挨拶

新しい年を迎え、最初に寺社にお参りすることを初詣といいます。家族や親戚で神社やお寺に参拝し、神様あるいは仏様に一年間の報告・お礼をするとともに、新たな願い事と祈りを捧げるのです。

初詣は平安時代から行われていました。室町時代には地元の氏神（うじがみ）様への新年の参拝がはじまり、江戸時代後期になると庶民の間でも寺社参拝が流行しました。

それが現在のようなスタイルになったのは、交通網が発達した明治時代以降のこと。鉄道会社が沿線の寺社への参拝客を増やそうとして、初詣を促したとされています。

二年参りでご利益が二倍に

初詣に行くのは元日、または三が日を基本とし、三が日が過ぎてしまった場合は年神様が家にいる松の内（一月一～七日）の間に済ませます。

本来は元日になってから詣でることを初詣といいますが、一部の地域では二年参りという参詣が行われています。

二年参りは、大晦日の夜から年明けまで通して、あるいは大晦日の夜に参拝して一度帰宅し、元日になってから二度目のお参りをします。こうすると、通常の二倍のご利益を得られるとされています。

ご利益の大きい初詣の仕方

二年参りのススメ

大晦日から元日に年をまたいで参詣すると、ご利益が２倍になる

大晦日

年神様が日没とともに天から降りてくるので、一年間のお礼をする

元日

年神様に一年間の健康と幸福を祈願する

近所の神社か、遠方の有名な神社か

近所の神社

まずは、いつも近くから見守ってくれている氏神様に挨拶する

遠方の有名な神社

氏神様にお参りした後、参拝する
（初詣は何回行ってもかまわない）

初夢が1月1日の夜でないワケ

初夢とは１月１日の夜に見る夢ではなく、２日の夜に見る夢を指し、その夢の内容によって１年の運勢を判断します。かつて日本では、仕事はじめや稽古はじめなどの行事を１月２日に行っていました。そこから２日を重視して、初夢も２日の夜（あるいは明け方）に見た夢としたと考えられています。

1月 2~3日

おせち料理

一品一品に込められた作り手の思いを噛みしめていただく

おせち料理は、年神様（としがみ）へのお供え物としてつくられた正月料理です。「御節料理」と書き、年神様にお供えして食べるものを「御節供（おせちく）」と呼んだことからはじまっています。昔の人々は、農産物、海産物などさまざまな食材でつくられた料理で年神様をおもてなしし、子孫繁栄や五穀豊穣を願ったのです。

数の子、かまぼこ、黒豆、昆布巻き、海老などが定番ですが、その一品ごとに作り手の思いが込められています。多くの卵が集まっている数の子は子孫繁栄、日の出を思わせるかまぼこは新しい門出、黒豆はまめ（健康）に暮らせるように、昆布巻きは「よろこぶ」に通じる、海老は腰が曲がるまで長生きできるように、といった具合です。

めでたさを重ねる

おせち料理は重箱に詰めます。最近では三段重ねが主流となっており、一番上の一の重には黒豆などの祝い肴（ざかな）とかまぼこなどの口とりを、二の重には酢の物や焼き物を、三の重には煮物を詰めます。

こうして重箱を用いるのは「めでたさを重ねる」という意味からです。詰める料理の数についても、偶数ではなく奇数がよいとされています。

使える！知識

思いを込めて重箱に詰める

あらゆるものに思いを込めていた昔の人は、おせち料理にもさまざまな意味を込めてつくった

一の重（祝い肴）

数の子
卵の数が多いことから、子孫繁栄を願う

かまぼこ
その形を日の出に見立て、新たな門出を祝う

たたき牛蒡（ごぼう）
地中に根を伸ばすことから、延命長寿を願う

きんとん
黄色を黄金に見立て、金運が得られることを願う

黒豆
まめ（健康）に暮らせるように、という意味

昆布巻き
「よろこぶ」の語呂合わせから縁起がよい

二の重（酢の物や焼き物）

鯛
「めでたい」にかけて、お祝いの席では欠かせない

海老
海老の形のように、腰が曲がるまでの長寿を願う

鮑（あわび）
長生きする生き物の鮑のように不老長寿を願う

三の重（煮物）

慈姑（くわい）
大きな芽を出すことから、芽が出ますようにと出世を願う

蓮根（れんこん）
多くの穴から、将来が見通せるようにと願う

八つ頭（かしら）
親芋に小芋がたくさんつくことから、子孫繁栄につながる

しきたりの心

お供えしてからいただく

おせち料理は年神様にお供えした後、家族とともにいただきます。神様の力をもらい、神様と一体になろうとするものです。これを神人共食（しんじんきょうしょく）といい、神人共食の習慣を直会（なおらい）といいます。供物を得ることにより、身体を浄める意味もあります。

雑煮(ぞうに)

年神様からのお下がり品を食べて一年の邪気を祓う

お雑煮もまた正月に欠かせない料理のひとつです。

かつては大晦日に年神様(としがみ)にお供えした餅や野菜などを、元旦に若水(わかみず)と呼ばれる年初めに汲(く)む井戸水で煮込み、年神様からの〝お下がり〟として食べていました。お雑煮を食べることで年神様の恩恵にあずかるという考え方です。そうした習慣が正月にお雑煮を食べる風習になったといわれています。

ただしお雑煮と一口にいっても、お餅の形や味付け、具材は地方によって異なり、東は切り餅でしょうゆ味、西は丸餅でみそ味が多い傾向にあります。

使える！知識　柳の白木(しらき)のお箸で食べる

■ 東西のお雑煮の違い

東日本	切り餅・しょうゆ味が多い
西日本	丸餅・みそ味が多い

1月
2~3日

お屠蘇（とそ）

ただのお酒ではない！無病息災の効果がある縁起のよい飲み物

お正月に飲むお屠蘇を、単なるお酒だと思ってはいないでしょうか。お屠蘇は「屠蘇散（とそさん）」という薬味が入った飲み物です。

そのルーツは風邪の予防薬として飲まれた中国の薬用酒。それが日本に伝わると、桔梗（ききょう）、乾姜（かんきょう）、肉桂（にっけい）などの生薬を入れた袋を井戸に吊るし、元旦に若水につけた後、お酒に入れて飲むようになったといわれています。

お屠蘇の「屠」には悪鬼を屠る（邪気を祓（ほふ）う）、「蘇」には生命力を目覚めさせるという意味があります。つまりお屠蘇は、無病息災を願う縁起物であるとともに、体にもよい飲み物なのです。

使える！知識　お屠蘇は年少者から飲む

お屠蘇を飲むときには、東を向いて年少者から年長者へと順に飲む。これは若者の生気を年配者に捧げる思いやりの風習とされている

お酒やみりんに「屠蘇散」という薬味を入れて飲む

※未成年者は禁酒となるため、ノンアルコールのものにするか、飲むふりだけする

1月
7日

七草がゆ

正月料理で疲れた胃をいたわる。
春の七草入りのおかゆ

お正月のご馳走を四、五日食べ続けていると、さすがに胃が疲れてきます。そこで胃をいたわるため、一月七日の朝に食するのが七草がゆです。

七草がゆとは春の七草、すなわち芹、薺、御形、繁縷、仏の座、菘、蘿蔔を入れたおかゆのこと。この七草の組み合わせは地方によって違っていたり、七種でなかったりすることもあります。しかし、体をいたわろうとする先人の知恵によるものという点は同じです。

一月六日の夜に七草を包丁で刻み、一度神様にお供えした後、七日の朝におかゆにしていただきます。

使える！知識　七草がゆづくりのコツと効能

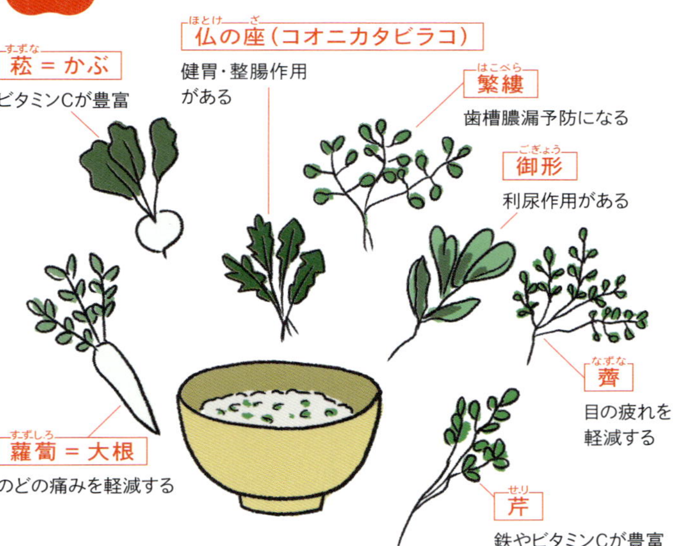

●菘と蘿蔔は皮をむかない　●菘と蘿蔔は葉も一緒に調理する

1月15日

左義長（さぎちょう）

注連飾りや門松などの正月飾りを燃やし、一年の健康や幸せを祈願する

使える！知識　左義長で健康や幸せを祈願

左義長の火で焼いたお餅を食べると病気をしないといわれる

正月飾り、書き初め、だるまなどを燃やし、その年の健康や幸せを祈る

一月一日を中心としたお正月に対し、一月十五日を小正月（こしょうがつ）といいます。この時期に行われる行事が左義長です。「どんど焼き」「さいと焼き」などと呼ばれることもある火祭りです。

左義長では、お正月に飾っていた注連（しめ）飾（かざ）りや門松、書き初（ぞ）め、だるまなどを持ち寄って燃やし、一年の健康や幸せを祈願します。またその火で焼いたお餅を食べると、病気をしないといわれます。

お正月には年神様（としがみ）をお迎えしました。その年神様を、注連飾りや門松（かどまつ）などを燃やした炎とともに高い空へと見送ろうとする意味が込められているのです。

こらむ

しきたりの真相を探る！

元日に掃除をしてはいけないのは、福を追い出してしまうから！

年末が近づくと、一年の締めくくりとばかりに各家庭で大掃除が行われます。しかし、なかには年内に掃除ができず、仕事が休みで意外と暇な元日に、掃除をする方も少なからずいるでしょう。そこで「元日に掃除をしてはいけない」と戒められることになります。とくに、ほうきを使った掃き掃除は厳禁とされています。

古来、日本では正月に年神様（としがみ）が来訪し、福をもたらしてくれると信じられてきました。しかし、せっかくの福もほうきで掃き出してしまったら、元も子もありません。そうした理由で、元日の掃除は戒めの対象となったのです。

このしきたりは、商売繁盛を願って縁起にこだわる商家で熱心に守られてきました。なかには元日には一日中、雨戸を締め切って閉じこもり、福を逃さないようにしていた商家もあったといわれています。

元日までに大掃除が間に合わなかった場合、1月2日以降に行いましょう。元日のうちは掃除をせず、家族で新年を祝い、一年の幸福を祈りながら過ごすのが吉です。

「一富士、二鷹（たか）、三なすび」。初夢ランキングの根拠とは？

1月2日の夜に見る夢を初夢といいます。昔の人は「お初」となるものに意味を見出す傾向にあり、夢に関しても、初夢が一年の吉凶を占うと考えていました。初夢の内容がよければ、幸多い年になると信じられたのです。

それでは、どんな夢が縁起のよい夢とされていたのかというと、「一富士、二鷹、三なすび」です。

ランキング1位の富士山は言わずと知れた日本一の山で、おめでたいことの象徴とされていました。

2位の鷹については、天空を悠然と舞う空の王者。その飛翔する姿は運気上昇のイメージに重なります。

3位に入ったのは野菜のなすび。これには違和感を覚える方が多いのではないでしょうか。なすびが選出された理由としては、「名を成す」「財を成す」「事を成す」などにつながるからという説があります。または江戸時代の随筆『甲子夜話（かっしやわ）』に徳川家康の好きなものとして「一富士、二鷹、三なすび」が挙げられており、庶民が家康にあやかろうとしたといった説もありますが、真相ははっきりしていません。

第二章 年中行事のしきたり

毎年行われている年中行事。そこには日本独自の風習が今も残り、日本人の知恵が詰まっています。年中行事を生活に取り入れることにより、私たちの生活がより豊かで彩りのあるものになります。

イザという時に便利な

お作法手帖

食事の作法

年中行事では、家族や親戚と和気あいあいと楽しく過ごすのがよいでしょう。ただし、あまりなじみのない方も交えての改まった食事の席などでは、きちんとしたマナーを覚えておきたいもの。食事の作法の基本の「キ」を押さえておきましょう。

幹事なら早めの到着を心がける

自分から食事やお酒に誘った場合は、相手よりも先に着いてお出迎えします。格式の高い飲食店なら、座席や料理の内容、お酒を出すタイミングなどについて、お店の人と確認しておいたほうがよいかもしれません。そして時間が近くなったら、店先あるいは店内の待合席などで相手の到着を待ちましょう。招かれる側の場合は、約束の時間ちょうどに到着して大丈夫です。

遅刻しそうなときはどうする？

約束の時間に遅れてしまいそうな場合は、主宰者に電話して、先にはじめてもらうように伝えます。到着したら、もちろん丁重にお詫びしてください。

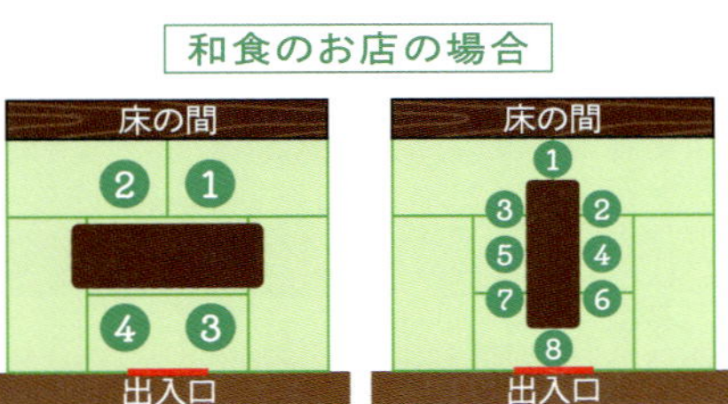

上座（かみざ）と下座（しもざ）に気をつける

和食のお店、洋食のお店とも、席次（上座・下座）があります。目上の人・接待される側の人が座る席を上座、目下の人・接待する側の人が座る席を下座といいます（74〜75ページ参照）。その場の状況によって変わることもありますが、原則を覚えておき、失礼のないようにしましょう。

和食のお店の場合

床の間 ②① ④③ 出入口

床の間 ① ③② ⑤④ ⑦⑥ ⑧ 出入口

床の間を背にした席が上座、その向かいが下座で、出入口に近いほど下位になる。床の前の前に並ぶ際には、向かって右が第1座、左が第2座となる

洋食のお店の場合

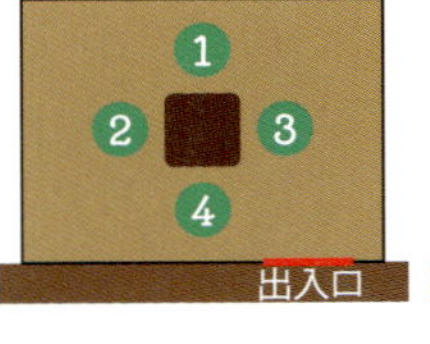

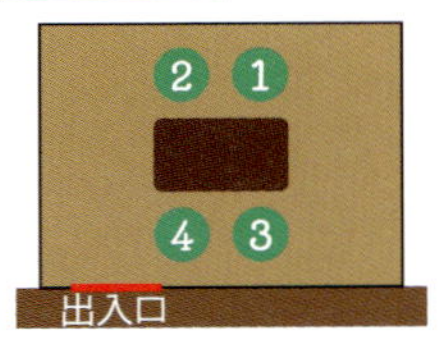

出入口から最も遠いテーブル席が最上の席。そのテーブルで出入口から最も遠い席が上座、最も近い席が下座となる

箸づかいのタブー

ふだん何気なく使っているお箸ですが、正しい使い方ができていない方が少なくありません。無意識のうちにしている使い方が、実はマナー違反とされている使い方だったりするので気をつけてください。

刺し箸
食べ物にお箸を突き刺して食べる

涙箸
お箸からポタポタと汁を落とす

渡し箸
箸置き代わりに器に箸を渡す

寄せ箸
お箸を器で引っ掛けて動かす

迷い箸
お箸をウロウロさせる

立て箸
ご飯にお箸を立てる

探り箸
お箸をお椀のなかでかき回して中身を探る

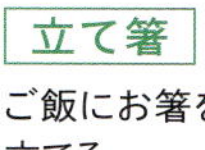
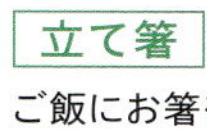

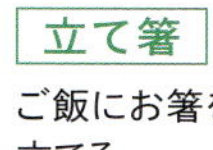

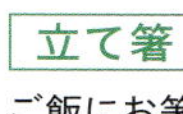

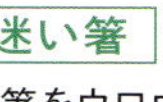

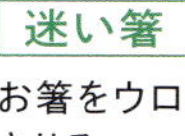
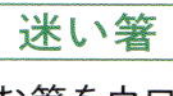

ナイフとフォークで意思表示

日本人にとってナイフとフォークの取り扱いは簡単ではありません。ナイフとフォークの置き方も戸惑う方が多いのではないでしょうか。食事中に飲み物を飲んだり、お話ししたりする際、ナイフとフォークはいったん置いて、食事を中断します。このときナイフとフォークをお皿に対して「ハ」の字に置くと「食事中」のサインになり、斜めにそろえて置くと「ごちそうさまでした」のサインになります。

斜めにそろえて置くと「ごちそうさまでした」

「ハ」の字に置くと「食事中」

写真撮影は許可をとってから

インスタグラムやXなどのSNSに、お店の料理の写真を投稿する方が大勢います。それは結構ですが、料理が運ばれてきてすぐに「カシャッ」と撮影してはいけません。お店によっては撮影禁止にしていたり、周囲のお客さんに迷惑になったりすることもあります。撮影するなら、お店のスタッフに事前の許可どりを忘れず、その場の雰囲気を壊さないように気を遣いましょう。

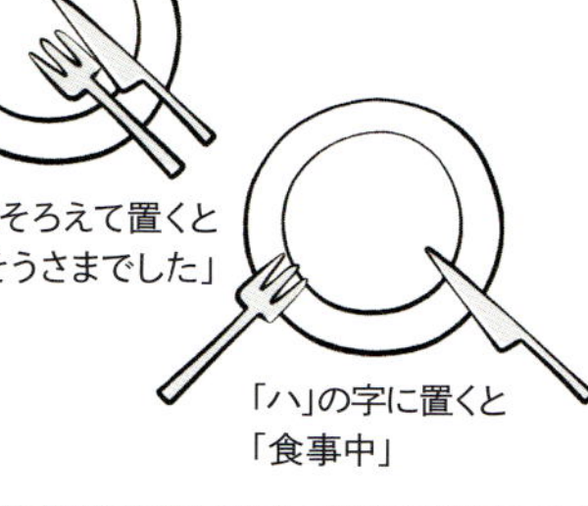

食事中の音に注意する

食器を乱暴に扱ったり、急いで食べたりすると、カチャカチャ音が鳴りがちです。周囲の迷惑になるので、慌ただしい食事は慎みましょう。またクチャクチャと音を立てながら咀嚼（そしゃく）する〝クチャラー〟も、ひんしゅくを買います。口を閉じてゆっくり噛むように心がければ、クチャクチャする音を押さえることができるはずです。

節分（せつぶん）

鬼＝魔物の目（魔目）を打つところから豆まきの風習が生まれた

鬼は外、福は内――。節分の日には、そう大きな声で言いながら豆をまきます。家中の邪気（じゃき）を祓い、福を招き入れるための行事です。

節分といえば二月三日頃を指しますが、かつては立春、立夏、立秋、立冬の前日、すなわち年に四回ありました。そのうち立春は二十四節気では新年のスタートにあたることや、恵み（芽ぐみ）の春を迎えることから重要視され、現在では立春の前日を指すようになったのです。

ではなぜ、節分に豆まきをするのでしょうか。その由来は中国の追儺（ついな）の儀式にあります。

魔物の目を豆で打つ

追儺とは疫病や災害、寒気などを鬼とみなし、弓や矛・盾を使って追い出す中国古来の宮廷行事です。それが平安時代の日本に伝わると、宮中で扮装（ふんそう）して暴れる鬼役を退治する儀式になりました。

一方、寺社では豆まきで邪気を追い払う風習があり、追儺と習合。やがて室町時代に入ると、民間でも豆をまいて鬼を打つようになったとされています。

鬼は魔物であり、「魔物の目」つまり「魔目（まめ）」を打つところから、鬼に豆をぶつけるようになったのです。

使える！知識

豆と鰯(いわし)で鬼退治

鬼のやっつけ方 その１ ～豆まき

1. 節分の前日に豆を煎って升（ます）に入れ、神棚に供える
2. 節分の日の夜、家中の戸や窓を開ける
3. 一家の主、または年男が「福は内、鬼は外」と言いながら各部屋に豆をまき、まき終えた部屋から戸を閉める
4. 年齢＋1個の豆を食べる（風邪予防になるなどといわれる）

鬼のやっつけ方 その２ ～柊鰯(ひいらぎいわし)

1. 鰯を焼き、その煙と臭いで邪気を祓う
2. 鰯を食べ、体内の陰の気を消す
3. 残った鰯の頭を柊の枝にさして戸口に掲げる→鬼は鰯の臭いと、先が尖った柊に邪魔され、家に入ってこられなくなる

※柊鰯は主に関西で行われています

2月3日

恵方巻き

恵方を向いて一本食べきると幸運が！ では恵方はどの方角？

今やすっかり定着した節分の日の恵方巻きは、関西発祥の行事です。

七福神にちなんで七種の具を入れた太巻きを、恵方を向いて無言で食べ、一本食べきると願いが叶うといわれています。

恵方とは、その年の福徳をつかさどる年神様のいる方向、つまり吉方を指しますが、毎年同じではありません。十二支の前につく十干（甲・乙・丙・丁・戊・己・庚・辛・壬・癸）の10の要素と、東西南北の四方との組み合わせにより、その年の恵方が決まります。

恵方巻きを食べる際には、その年の恵方を歳時歴で確かめるようにしましょう。

使える！知識　2025年の恵方はどこか？

十干は10を1周期として回るため、西暦の下一桁によって恵方を知ることができる

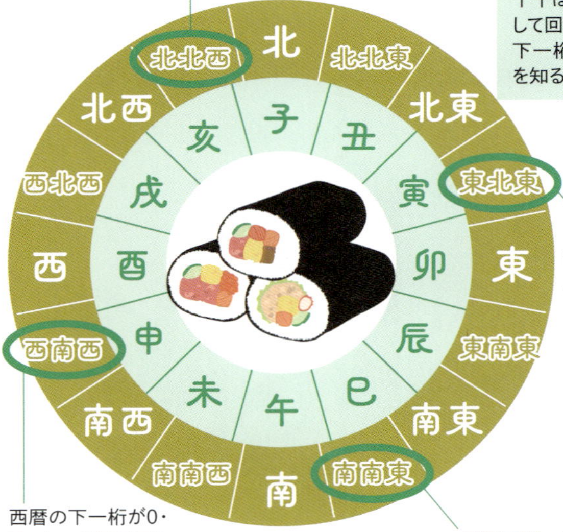

西暦の下一桁が2・7の年

西暦の下一桁が4・9の年

西暦の下一桁が1・3・6・8の年

西暦の下一桁が0・5の年→**2025年は西南西となる！**

針供養

針よ、ありがとう……。使えなくなった針を供養する日

二月八日と十二月八日の二日間は、事始め・事納めという厄日にあたります。そのため、江戸時代の女性たちは針仕事を休み、針の供養をしていました。そうした風習から生まれた行事が針供養です。

針供養では、折れたり曲がったりして使えなくなった針を豆腐やこんにゃくに刺して土に埋めたり、寺社にもっていって供養したりします。それによって針に感謝の気持ちを捧げるとともに、裁縫の上達を願うのです。

一般にはあまりなじみがありませんが、洋裁学校や服飾関係者にとっては今も大切な行事です。

使える！知識 針を供養する方法

自宅で行う場合

1. 豆腐（こんにゃくでもよい）を用意し、皿に乗せる
2. 使い古した針に感謝しながら豆腐に刺す
3. 針を刺し終えたら、神棚か仏壇に供える
4. 供養が済んだら、針を豆腐に深く差し込んで土に埋める

寺社に依頼する場合

1. 使い古した針を寺社にもっていく
2. 寺社に初穂料を納める
3. 寺社が用意した豆腐やこんにゃくに針を刺す
4. 供養のために祈禱を受ける

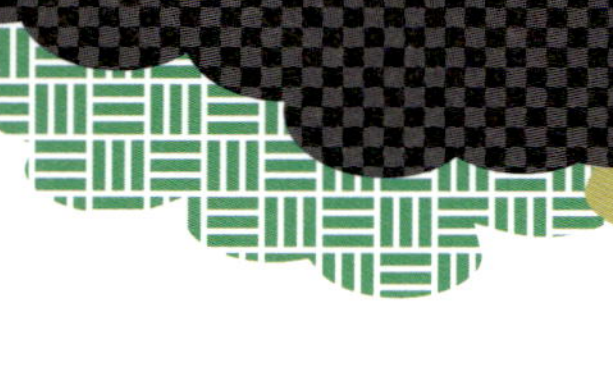

ひな祭り

昭和天皇の即位式をきっかけに、ひな壇飾りの並びが変わった？

三月三日に女の子の健やかな成長と幸福を祈るひな祭り。女の子のいる家では毎年、この時期になるとひな人形が飾られ、室内が華やぎます。

ひな祭りのルーツは、古代中国の風習にあります。旧暦三月上旬の巳の日（上巳）、中国の人々は水辺で手足や身体を洗い浄めて穢れを祓っていました。この風習が日本に伝わると、紙の人形に身の穢れを移して川に流すようになりました。これは流し雛という風習の原型とされています。

他方、平安時代の貴族の女子の間ではひな遊びという人形遊びが広まっており、流し雛と結びついてひな飾りが誕生します。やがて江戸時代には三月三日にひな人形を飾り、女の子の成長と幸福を願う風習が定着。当初は紙や粘土でつくられていたひな人形が華美になったのです。

かつては今と逆の並びだった？

現在のひな壇飾りは男雛を向かって左、女雛を向かって右に配置するのが一般的です。しかし、かつては古代中国の左上位の原則にもとづき、逆に飾られていました。現在の並びになったのは、昭和天皇の即位式の際、皇后が向かって右に立たれたことがきっかけとされています。

三段飾りの並べ方

一段目：内裏雛（だいりびな）

金屏風を背に並ぶ男女一対で内裏雛という。一般的に関東では男雛が向かって左、女雛が向かって右になる

二段目：三人官女（さんにんかんじょ）

宮中に仕える侍女たち。眉を剃ってお歯黒をしている既婚の婦人が中央、未婚の女性が左右に並ぶ。三人とも眉がある場合は、三方を持っている女性が中央になる

三段目：雛道具など

桜と橘を左右にし、橘の隣に御駕籠、桜の隣に御所車を配置。中央には重箱が置かれる

赤い布は緋毛氈（ひもうせん）という。赤い色には浄化や魔除けの意味がある

陰陽（おんみょう）説では奇数が吉数とされるため、ひな壇も一段・三段・五段・七段と奇数になる

しきたりの心

「片づけが遅れると婚期が遅れる」という言い伝えの背景

ひな人形が良縁を願って飾られはじめて以来、「片づけが遅れると婚期が遅れる」といわれるようになりました。これは流し雛全盛の時代の名残といえます。流し雛は水に流して穢れを祓いましたが、ひな人形を流すわけにはいきません。そこで、早くに片づけることによって代替したのです。いつまでも片づけないと厄払いができず、娘に災難が降りかかり、婚期を逃してしまう、と考えられたわけです。

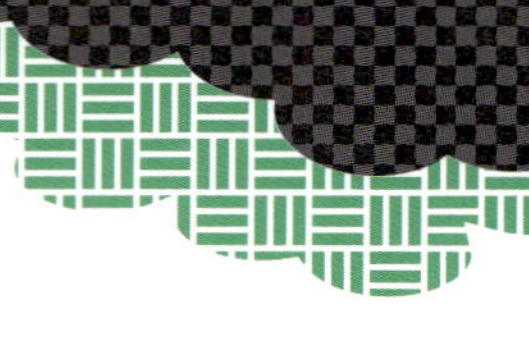

3月
21日頃

お彼岸

春と秋のお彼岸にはお墓参りをしてご先祖様を供養する

お彼岸は毎年、春と秋に一回ずつあります。春分（三月二十一日頃）・秋分（九月二十三日頃）の日を中心とする前後各三日間、計七日間がお彼岸にあたり、お墓参りをしたり、仏壇にお供えをしたりすることによって、ご先祖様を供養する時期とされています。

そもそもお彼岸は、仏教の教えに由来する行事です。仏教では悟りの世界、仏様の住む浄土の世界を彼岸というのに対し、煩悩や迷いの多い現世、われわれ人間の住む世界を此岸といい、此岸から彼岸へ至ることを到彼岸といいます。

また浄土は西のはるか彼方に存在するとされ、昼夜がほぼ同じ長さになり、太陽が真東から昇り真西へ沈むお彼岸の時期に修行を行えば、浄土に近づくことができるとも信じられていました。

そうした考えが結びついた結果、お彼岸は死者や来世を偲ぶ時期として受け入れられ、ご先祖様の供養が行われるようになったのです。

家族みなでお墓参り

お彼岸の時期、お寺では読経や説法をする彼岸会が行われます。家族でお墓参りをする人も多いでしょう。お供え物は春はぼた餅、秋はおはぎが定番です。

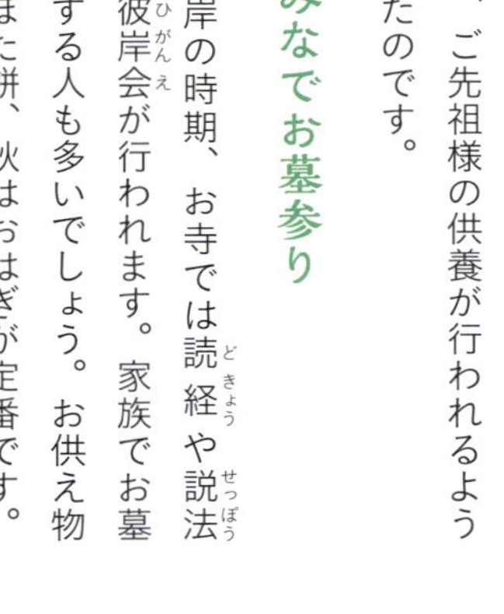

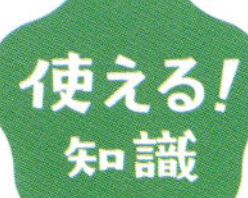

ぼた餅でご先祖様に感謝する

お彼岸の期間

春分（3月21日頃）・秋分（9月23日頃）の日を中心とする前後各3日間、計7日間がお彼岸にあたる

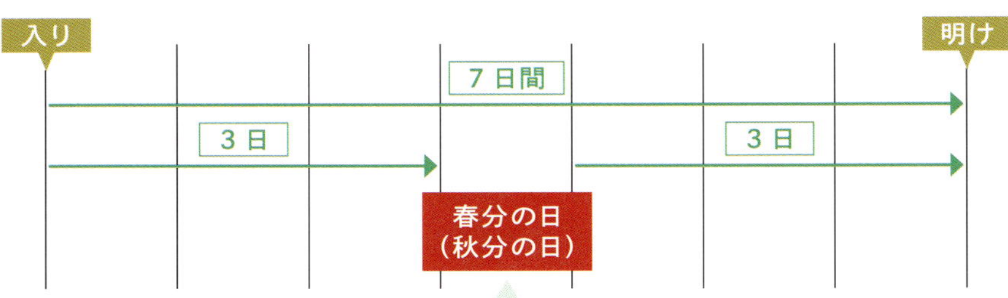

お彼岸にはお墓参りをしたり、仏壇にお供え物をしたりして、ご先祖様を供養する。春のお彼岸には神様にぼた餅をお供えして豊穣を願う。ぼた餅に使われる小豆の赤い色は、魔除けの力をもち、邪気を祓（はら）うとされている

ぼた餅はかつては貴重品であった砂糖を使った食べ物。それをご先祖様にお供えすることにより、感謝の気持ちを伝える

ぼた餅は半日〜1日ほどお供えした後、仏様の「お下がり」としていただく。そうすることで、ご先祖様のありがたみを感じることができる

しきたりの心

ぼた餅とおはぎの違い

春のお彼岸には神様にぼた餅をお供えするのに対し、秋のお彼岸にはおはぎをお供えします。この、ぼた餅とおはぎは実は同じものであり、季節によって呼び名が変わるだけ。春には牡丹の花が咲くから「ぼたもち（牡丹餅）」、秋には萩の花が咲くから「おはぎ（御萩）」となるだけなのです。ただし、ぼた餅は牡丹の大きな花のようにこし餡でつくり、おはぎは萩の小ぶりな花のようにつぶ餡でつくる、という違いはあります。

4月8日

花祭り

生まれたばかりのお釈迦様に甘茶をかける理由とは？

四月八日の花祭りは、仏教の開祖であるお釈迦様の誕生日を祝う行事です。灌仏会などとも呼ばれます。

花祭りが行われるのは各地のお寺。境内につくられた花御堂という小さなお堂に小さな誕生仏が安置され、その仏像に柄杓で甘茶をかけてお祝いします。子どもから大人まで、広く親しまれている行事です。

仏伝によると、お釈迦様は生後すぐ七歩歩き、天地を指して「天上天下唯我独尊（この世界にわたしより尊い者はない）」と言ったと伝えられています。その生まれてまもないお釈迦様の姿を像にしたものを誕生仏といいます。

また、生まれたばかりのお釈迦様に九匹の龍が甘露の雨を注ぐと、それが産湯となったという伝説もあります。

甘茶の意味

花祭りには甘茶が欠かせません。甘茶とは、アマチャの木の葉を日干ししてから発酵させた後、乾燥させて煎じたお茶のことで、自然な甘みがあります。

漢方薬として使われているほか、厄除けの効果があり、無病息災のご利益を期待できるともいわれます。市販されていますが、自宅でつくることも可能です。

使える！知識

お釈迦様に甘茶を注ぐ

お釈迦様の誕生日を祝う花祭りでは、お寺の花御堂に安置されたお釈迦様の誕生仏に、甘茶を注いで祝福する。参拝後に甘茶がふるまわれることもある

甘茶のヒミツ

甘茶はこんなお茶

- 甘茶とは、アマチャの木の葉を日干ししてから発酵させた後、乾燥させて煎じたお茶。自然な甘みがある
- 漢方薬としても使われており、鎮痛作用や抗アレルギー作用などがある。さらに厄除けの効果があり、無病息災のご利益が期待されている

甘茶の淹れ方

1. 甘茶の茶葉を1グラムほど急須に入れ、400ミリリットルのお湯を注ぐ
2. そのまま5分ほど蒸らす
※甘茶の茶葉を多く入れすぎると中毒症状が現れる恐れがあるので、薄味でつくる。市販の甘茶ティーバッグを利用してもよい

しきたりの心

「天上天下唯我独尊」の本当の意味

お釈迦様が生まれてすぐに発したとされる「天上天下唯我独尊」。これを「この世界にわたしより尊い者はない」と訳されると、少し傲慢なように感じられるかもしれません。しかし本来の意味はそうではなく、「すべての存在は尊く、かけがえのない命を与えられている」ということだと考えられています。お釈迦様は決して他人を見下したりはしていないのです。

5月5日

端午の節句

鯉のぼりを立てたり菖蒲湯に入って男の子の健やかな成長を祈る

現在、五月五日は「こどもの日」として知られていますが、本来は端午の節句として行事が行われてきた日です。武者人形を飾ったり、鯉のぼりを立てたり、菖蒲湯に入ったりして、男の子の健やかな成長を祈ります。

そもそも端午とは、月の初めの午の日のことで、旧暦で午の月は五月にあたります。端午の午と五の音が同じであるため、奈良時代以降、五月五日が端午の節句となりました。

旧暦の五月は春から夏への季節の変わり目ということもあり、病気や厄災が増えました。そこで平安時代の貴族たちの間で、菖蒲の強い香気で邪気を祓う習慣が生まれました。

江戸時代以降に定着

その後、鎌倉時代に入り武士の世の中になると、菖蒲が武を尊ぶ「尚武」に通じることや、菖蒲の葉の形が刀に似ていることなどから、男の子の誕生や成長のお祝いと合一。江戸時代以降、男の子のいる武家で、その子の成長や一族の繁栄を願って鯉のぼりを立てたり、武者人形を飾ったりする男の子のための節句として定着しました。

こうして端午の節句ができたのです。

端午の節句を楽しむ

菖蒲を飾る

菖蒲は強い香気で邪気を祓うとされる植物で、家の軒にさしたり、枕の下に敷いて寝たりする風習が生まれた。また、さまざまな薬効成分を含んでいるため、菖蒲の葉をお風呂に浮かべた菖蒲湯も広く知られている

武者人形を飾る

戦国時代の武士たちは、己の力を示そうと、「鍾馗（しょうき）」と呼ばれる中国の鬼神などを幟（のぼり）に描いた。そこから鍾馗や武者人形を飾るようになったと伝えられている

鯉のぼりを立てる

鯉には滝を登って竜になったという伝説があり、出世魚とされた。その逸話にあやかり、子どもの立身出世を願って、幟に鯉の絵を描くようになったのが鯉のぼりのルーツとされる

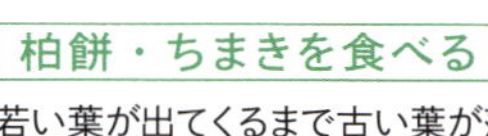

柏餅・ちまきを食べる

若い葉が出てくるまで古い葉が落ちない柏の葉。その生態にちなんで、柏餅には「跡継ぎが絶えないように」という願いが込められている。ちまきは、川で溺れ死んだ詩人を5月5日にちまきで供養したという中国の逸話にちなむ

鯉のぼりの意味を知る

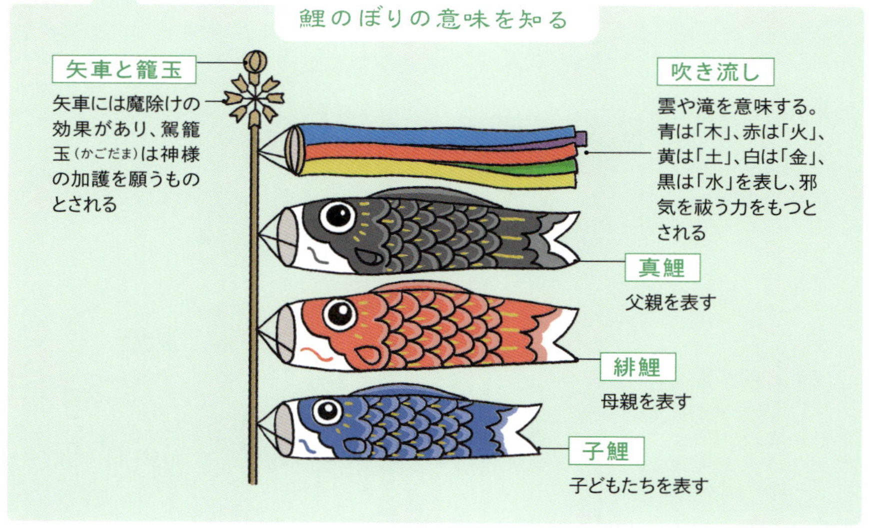

衣替え

一年に二回行われる衣替えは江戸時代には四回も行われていた

日本には古くから衣替えのしきたりが伝えられています。

衣替えの由来は平安時代に宮中で行われていた更衣という行事で、四月一日と十月一日に夏装束と冬装束を替えていました。季節が変わる節目は厄日と考えられていたため、装束を変えることで厄を祓おうとしたとされています。

その後、江戸時代には着物の種類が増えたこともあり、幕府の定めで回数が四回に増加しました。しかし明治時代に和服から洋服に変わると、再び年二回に戻りました。現在の衣替えは、六月一日と十月一日が基準とされています。

使える！知識　衣替えのコツ

❶ 断捨離をする

いらない服は思い切って処分してしまい、収納スペースを確保する

❷ 分類する

着用する季節ごと、服の種類ごと、家族がいれば人物ごとに分けて引き出しや収納ケースを割り当てる

❷ 「見える化」する

どの引き出し・収納ケースに何が入っているのかがすぐに分かるように、ラベルなどを貼っておく

6月30日

夏越（なごし）の祓（はら）え

八の字を描くように茅（ち）の輪（わ）をくぐり、残り半年の無病息災を祈願する

一年の半分が終わる六月三十日（晦日）を夏越といいます。この日は半年の間についた穢（けが）れを祓う大祓（おおはらえ）の行事が行われます。それが夏越の祓えです。

夏越の祓えを代表する習わしが茅（ち）の輪（わ）くぐり。神社の本殿前や鳥居の下などに設置された茅の輪をくぐることによって身を浄（きよ）め、残り半年の無病息災を祈願するのです。

茅の輪は邪気を祓うチガヤの葉で編んだもので、左回り、右回り、左回りと、八の字を描くようにくぐるのが正しい作法とされています。新たな半年に向けた大切な行事です。

使える！知識　茅の輪のくぐり方

「水無月の夏越の祓する人は、千歳の命のぶというなり」などと唱えながら、次のようにくぐる

1. 茅の輪の前で本殿に一礼した後、左回りでくぐる
▼
2. 再び茅の輪の前で一礼した後、右回りでくぐる
▼
3. もう一度、茅の輪の前で一礼した後、左回りでくぐる

7月7日

七夕（たなばた）

“日中合作”で生まれた星にまつわるロマンティックな行事

七月七日の七夕といえば、天の川で隔てられた織姫と彦星のエピソードがよく知られています。街は七夕飾りで彩られ、浴衣姿の人々で賑わいます。この七夕の風習は、“日中合作”で形成されました。

そもそも織姫（織女星）と彦星（牽牛星）の物語は中国のものです。織女星と牽牛星は結婚生活のなかで仕事をおろそかにしたため、天帝によって天の川の両岸に引き裂かれてしまいます。しかし、七月七日の夜だけ、天の川を渡って会うことが許されたと伝えられています。織女星は機織りが上手だったため、彼女にあやかり裁縫などの技芸上達を願う乞巧奠という風習が生まれ、これが日本にも伝わりました。

日本にも七夕の起源がある

一方、日本では庶民の間で棚機つ女の祭礼が行われていました。七月七日の夜、神様をお迎えするための棚を川辺につくり、乙女が神様の衣を織って奉納するものです。この祭礼は夕刻までに行われたことから「七夕」と書き、乙女の名前にならって「たなばた」と読ませました。

中国の星伝説・乞巧奠と日本の棚機つ女の祭礼。それらが平安時代に結びつき、現在の七夕ができたのです。

使える！知識

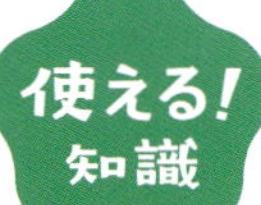

七夕飾りのつくり方

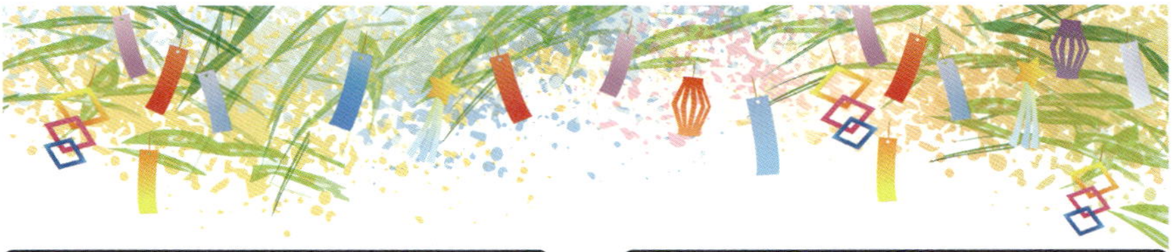

ちょうちん

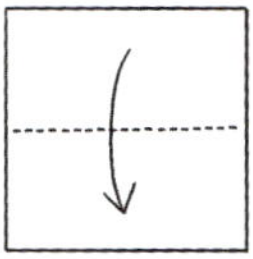

大きめの色
紙を半分に
折る

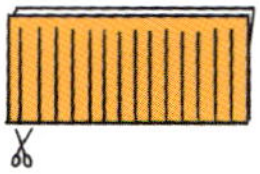

約1センチ間
隔で切り込み
を入れる

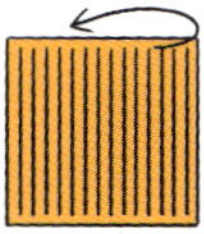

約1センチ間
隔で切り込み
を入れる

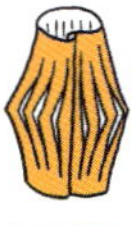

広げて丸め、
ノリで接着する

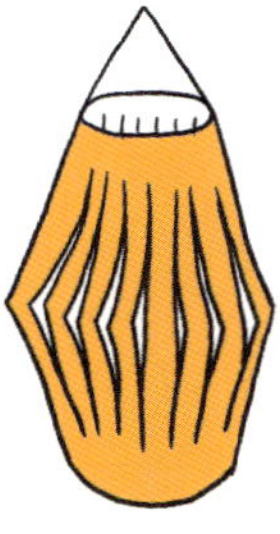

ひもをつければ
出来上がり

あみかざり

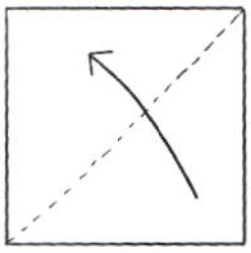

大きめの色
紙を半分に
折る

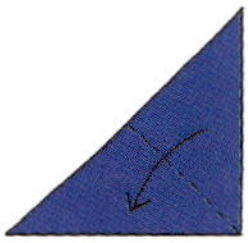

もう一度、
半分に折る

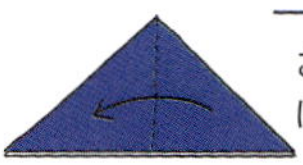

さらに半分
に折る

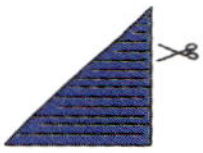

約1センチ間隔
で左右交互に切
り込みを入れる

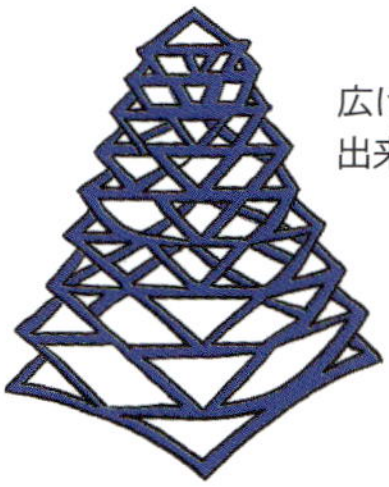

広げて伸ばせば
出来上がり

8月
13日～

お盆

火を灯してご先祖様をお迎えし、ナスの牛とキュウリの馬で送り出す

お正月に自宅に年神様を迎えるように、お盆はご先祖様をお迎えして、その霊を供養する期間とされています。

お盆という言葉は仏教の盂蘭盆会に由来します。『盂蘭盆経』という経典によると、お釈迦様の弟子の目連は、地獄に落ちて飢えや渇きに苦しむ母親を救済するため、師の教えに従って旧暦の七月十五日にお布施をしたところ、母親は供養を受けられるようになりました。この故事により、中国で盂蘭盆会の行事が流行したとされています。

盂蘭盆会は七世紀半ばに日本に伝来。当初は宮中の行事でしたが、仏教の普及とともに民間にも広がっていったのです。

迎え火と送り火

お盆には十三日の朝に精霊棚（盆棚）をつくり、ご先祖様のお迎えの準備をします。ご先祖様が移動の際に乗る精霊馬（ナスの牛とキュウリの馬）も用意します。夕方になったら門や玄関の前で迎え火を焚き、ご先祖様をお迎えします。

十四～十五日はご先祖様を供養する期間。朝・昼・晩の食事をお供えし、お坊さんにお経をあげてもらいましょう。

そして十五～十六日には送り火を焚き、ご先祖様をあの世へ送ります。

お盆の過ごし方の例

❶ 13日朝：ご先祖様をお迎えする準備

ご先祖様を供養するための精霊棚（盆棚）をつくり、位牌を置き、お供えを供える。また、ご先祖様の乗り物となる精霊馬をつくってお供えする

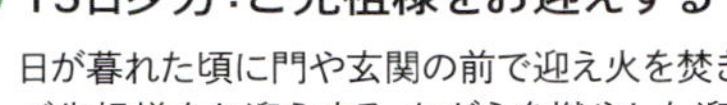

❷ 13日夕方：ご先祖様をお迎えする

日が暮れた頃に門や玄関の前で迎え火を焚き、ご先祖様をお迎えする。おがらを燃やした迎え火は、ご先祖様が迷わないようにするためのものである

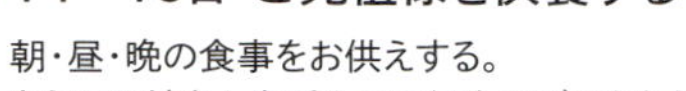

❸ 14～15日：ご先祖様を供養する

朝・昼・晩の食事をお供えする。
さらにお坊さんを呼んでお経をあげてもらう

❹ 15～16日：ご先祖様を送り出す

迎え火を焚いた場所で、今度は送り火を焚いて、ご先祖様を送り出す。地域によっては、送り火の代わりに小さな舟形を川や海に流す精霊流しを行う

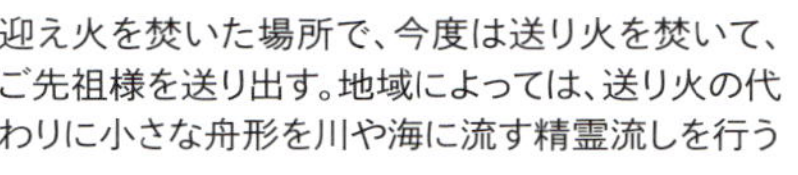

9月9日

重陽の節句

「九」が重なる日に行われる
中国由来の〝菊尽くし〟の行事

重陽の節句は、九月九日に長寿と家の繁栄を願う行事です。菊の花に深くかかわる行事であることから、菊の節句ともいわれます。

重陽の節句は中国に起源があります。旧暦の九月九日は十月半ばにあたり、菊の花が美しく咲く季節でした。中国では菊は不老長寿の薬とされていたため、この日に菊の香りがついた菊酒を飲み、長寿を願うようになりました。

なぜ九月九日かというと、縁起がよいからです。中国では奇数を「陽」として尊び、九月九日を最大の陽数である九が重なるおめでたい日と考えていたのです。

菊で長寿を願う

重陽の節句は奈良時代の日本に伝わり、平安時代に宮中行事として定着しました。当時の貴族たちは重陽の節句の前日の九月八日に菊の花に真綿をかぶせ、九日の早朝に夜露と朝露を受けた真綿を顔に当てる菊の被せ綿の行事を行い、無病息災などを願いました。また菊の宴で菊の花を鑑賞しながら菊酒を飲み、長寿を祈ったのです。

長崎のお祭り行事「くんち」も重陽の節句が起源であり、その名は旧暦の九月九日（くんち）に由来しています。

使える！知識　菊と栗で長寿・無病息災を願う

菊酒

蒸した菊の花びらを器に入れ、冷酒を注いで一晩置くと、香りのよい菊酒ができる。この菊酒を、菊の花を鑑賞しながら飲むと、長生きできるといわれている

菊の被せ綿

重陽の日の前日、菊の花に真綿をかぶせて夜露と朝露を受けさせる。当日、菊の香りと露を含んだ真綿で顔や体をふき、長寿や無病息災を願う

栗ごはん

かつて農村では、秋の収穫の時期に栗ごはんを食べてお祝いしていた。その風習が江戸時代に定着し、重陽の節句に栗ごはんを食べるようになった

しきたりの心

「秋茄子は嫁に食わすな」の真意とは？

重陽の節句では「焼きナス」や「煮びたし」などのナス料理を食べて無病息災を祈ることもありますが、「秋茄子は嫁に食わすな」ともいわれます。この言い伝えは姑による嫁いびりとして知られていますが、江戸時代の文献には「秋のナスを食べすぎると身体を冷やしてしまうので、嫁に食べさせないほうがよい」といった内容が記されています。嫁に対する思いやりなのか、嫌がらせなのか、判断は容易ではありません。

9〜10月

お月見

中秋の名月を楽しむ風習は月を神聖視する中国から伝わった

お月見は一年で最も空気が澄み、月が美しい九〜十月頃に行われる行事です。旧暦では秋を七〜九月とし、真ん中の八月（現在の九月）を中秋（ちゅうしゅう）といいます。そこから旧暦八月十五日の満月を「中秋の名月」あるいは「十五夜（じゅうごや）」と呼び、お月見を楽しんできたのです。

このお月見の風習は、月を神聖視していた中国から伝わりました。奈良時代の日本では月を眺めながら詩歌を詠み、平安時代になると貴族たちが池の水面や酒杯に月を映して風流を味わいました。

江戸時代には庶民の間でもお月見が浸透。秋の収穫期と重なることもあって、実りを神様に感謝する意味を込め、団子や里芋（さといも）、果物などを供えて宴（うたげ）を楽しむようになったのです。里芋はお月見の習慣ができた当初から供えられており、中秋の名月を芋（いも）名月と呼ぶこともあります。

月見団子は十五個か五個

お月見には、ススキと月見団子がつきものです。

ススキは神様が降りてくる依代（よりしろ）と考えられていたために飾られます。月見団子は月に見立てて丸くつくり、中秋の名月（十五夜）の場合は、十五個または五個供えるのが一般的です。

お月見でのお供えの仕方

月の主な種類

三日月

3日目に出る月

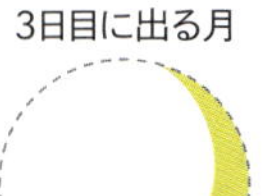

弓張月（上弦（じょうげん）の月）

7〜8日目に出る月

十三夜

13日目に出る月

十五夜（中秋の名月、満月）

満ちて円形になった月

月に見立てた丸いお団子を15個（または5個）供える。大きさは15にちなんで1寸5分（約4.5センチ）

お供え台の三方（さんぽう）は月に表を向ける（窓が開いていない面が裏となる）

しきたりの心

「片見月（かたみつき）」にならないように気をつける

十五夜にお月見をしたら、旧暦9月13日の夜の十三夜にもお月見をしなければいけません。十三夜は日本固有の風習とされますが、十五夜のお月見だけを行うと「片見月」といわれ、縁起が悪く不吉と考えられてきたのです。十三夜は豆や栗をお供えして月を愛でる行事で、「豆名月」「栗名月」とも呼ばれます。

10月中旬～11月下旬頃

紅葉狩り

春はお花見、秋は紅葉。錦秋を楽しむ秋の行楽の代表格

春の行楽にお花見があるように、秋には紅葉狩りがあります。紅葉狩りの「狩り」は本来は動物を捕まえるときなどに使う言葉ですが、狩りをしない貴族が紅葉を手にとって眺めたことから草花を眺めるときにも使われるようになったといわれています。

紅葉狩りは昔から貴族の間で親しまれ、和歌にも詠まれてきました。江戸時代には庶民も紅葉の美しさを楽しみながら宴を催す行事が定着しました。

なお紅葉狩りといっても、モミジという木はありません。紅葉とは寒くなって木の葉が赤や黄に変わることを表します。

使える！知識　有名な紅葉狩りスポット

酉の市

熊手で運をかっ込む！ 神話の英雄・日本武尊に由来する行事

十一月の酉の日に、各地の鷲神社（大鳥神社、大鷲神社）で開かれる酉の市。これは新年の開運招福や商売繁盛を願うお祭りです。鷲神社の祭神の日本武尊が戦勝のお礼参りをした際、松に熊手をかけました。その日が十一月の酉の日だったことに由来するとされています。

酉の市の名物といえば、なんといっても熊手でしょう。お多福、鶴、亀、打出の小槌、宝船、鯛、米俵などが飾られた熊手は運や福を〝かっ込む〟ことのできる縁起物。値切れば値切るほど縁起がよいとされ、出店での売り手と買い手のかけ合いが風物詩となっています。

使える！知識 幸運を招く熊手の買い方

年ごとに前年より大きな熊手を買うと、縁起がよくなるといわれている

冬至(とうじ)

冬至は一年のなかで最も昼が短く、夜が長い日。昔の人は、この日を「一陽来復(いちようらいふく)（陰から陽に向かう）」、すなわち日照時間が徐々に長くなっていく節目の日とみなして喜びました。寒い冬が去り、恵みの春がやってくると期待し、お祝いをしたのです。そんな冬至に欠かせないものといえば、カボチャです。

カボチャは黄色。黄色は赤色と同じく魔除(まよ)けや厄除(やくよ)けに効果のある色とされており、人々はカボチャを食べて無病息災を願いました。夏野菜ですが、皮が厚いので保存でき、冬至の頃には貴重なビタミンAの補給源となりました。

厄を祓(はら)い、体を温める柚子湯(ゆずゆ)

もうひとつ、冬至には柚子湯もつきものです。黄色い柚子を入れたお風呂に浸かると、一年中、風邪を引かなくなるといわれています。実際、柚子には血行をよくして体を温める効果があり、風邪の予防になりました。

それだけではありません。柚子の強い香りと黄色い色が邪気を祓うとも信じられてきました。

このように冬至の風習は新年の幸運を願うとともに、寒さを克服しようとする先人の知恵でもあるのです。

冬至カボチャと柚子湯で病気知らず

冬至カボチャのつくり方

冬至カボチャは、カボチャと小豆の煮物。カボチャの黄色と小豆の赤色はどちらも魔除けの効果をもっているうえ、カボチャに含まれているビタミンA・C・Eが冬を乗り切る力になる

1. カボチャを一口大に切る
2. 小豆を鍋に入れ、差し水をしながら、やわらかくなるまで煮る
3. 小豆をザルにとってゆで汁を捨て、別に煮ておいたカボチャと調味料を合わせて加熱する
4. 塩を少々加えて火を止める

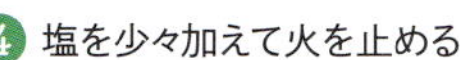

柚子湯のつくり方

柚子湯は、柚子の強い香りと黄色い色が邪気を祓い、身を浄（きよ）めることができる

1. カットした柚子をボウルに入れて熱湯を注ぐ
2. あら熱がとれたら布袋に入れ、浴槽の上で袋をしぼる

柚子をそのまま浮かせるだけでも柚子湯になる

こらむ

しきたりの真相を探る！

土用の丑の日に鰻を食べる習慣は江戸時代の学者の発案で生まれた

夏の暑い盛り、土用の丑の日には鰻を食べます。

鰻は栄養素の宝庫。ビタミンAは蒲焼1枚で1日の必要摂取量の2倍以上を摂取でき、疲労回復に役立つビタミンB1、ビタミンB2も豊富です。まさに夏バテ予防にふさわしい食材といえるでしょう。

鰻の滋養強壮効果については奈良時代から知られていたらしく、『万葉集』には「石麻呂に　われ物申す　夏瘦に良しといふ物ぞ　鰻捕り食せ」という大伴家持の歌が見えます。

土用の丑の日に鰻を食べるようになったのは江戸時代からで、そのきっかけをつくったのは、エレキテルを発明した学者・平賀源内だといわれています。

鰻屋から「夏場は売れ行きが悪くなる」と相談を受けた源内は、「食すれば夏負けすることなし」とキャッチコピーを書きました。当時の江戸では「丑の日に“う”のつくものを食べると夏バテしない」との言い伝えがあったことも手伝い、土用の丑の日＝鰻というイメージが定着していきました。

八十八夜が茶摘みだけではなく、米作りにも結びつけられる理由

節分、お彼岸、土用など同じ節気に八十八夜があります。立春から数えて八十八日目、現在の暦では5月2日頃に当たる節目のひとつです。

八十八夜といえば、「夏も近づく八十八夜～♪」で知られる唱歌「茶摘み」が思い浮かびますが、茶摘みに限らず、農作業全般にとって、重要なタイミングとして認識されてきました。

八十八夜をとくに大切な日とみなしてきたのは稲作です。「八十八」という字を分解して組み合わせると、ちょうど「米」の字になる（中国の古い書体では「米」）ことも無縁ではないでしょう。

米作りでは、八十八夜の頃に種をまき、苗を育てる苗代作りを開始しました。現在では、米の品種改良が進んだこともあり、その地域や気候などに合わせて時期を調整するようになっていますが、かつては八十八夜が目安とされていました。地方によっては、豊作を祈願する神事が行われています。

八十八夜は茶摘みだけでなく、米作りにとっても、非常に重要な時期だったのです。

第三章

お付き合いのしきたり

人付き合いは人間関係の基本です。プライベートでもビジネスでも、他人との関係性がよくなければ、万事うまくいきません。本章では、正しく失礼にならないお付き合いのしきたりを紹介します。

イザという時に便利な

お作法手帖

日常生活の作法

日常生活において円滑な人間関係を築くためには、その場にふさわしい気配り・気遣い・思いやりが必要になってきます。その根底にあるのが長い歴史のなかで培われてきたさまざまな作法。物事をスムーズに進めるためにも役立つものです。

メリハリがお辞儀を美しくする

日本人の挨拶の基本であるお辞儀。お辞儀はきれいな立ち姿を基本とし、背筋をまっすぐ伸ばした姿勢をとり、両足をそろえて上体を傾けます。体を傾ける「動」の動作と、姿勢を整える「静」の動作のメリハリがお辞儀を美しいものにします。

挨拶は立ち止まってから

目上の人に対して挨拶する場合、歩きながらついでのように頭を下げるのは失礼にあたります。歩いているときに相手に気づいたら、一度立ち止まってからお辞儀するようにしましょう。

3種類のお辞儀

お辞儀は大きく3種類に分けられます。会釈、敬礼、最敬礼を、場面に応じて使い分けてください（70ページ参照）。いずれも頭だけでなく、腰から体を折り曲げるのがポイントです。

相手の目を見て話す

会話は相手の目を見て行います。相手が初対面なら、とくに意識しましょう。目を中心とする表情から、相手の感情を読みとることができます。

タブーな話題がある

初対面の相手との会話では、誰でもYES・NOで答えられる簡単な質問がおすすめです。そうした質問を何回か重ねるうちに、打ち解けた雰囲気になっていくでしょう。ただし、タブーとされる話題もあります。女性に対して年齢の話はNG、男性でも初対面では控えたいところです。また、政治や宗教など相手が思い入れをもっているものに関する話もしないほうが無難です。

個人宅への訪問は事前準備を大切に

個人宅にお邪魔する際には、約束の時間の一時間ほど前、あるいは最寄駅に着いたタイミングで電話連絡を入れることをおすすめします。それによって相手に無用の心配をさせずにすみます。恩師や上司などのお宅を訪問する場合は、手土産を忘れないようにしましょう（72ページ参照）。

オフィス訪問は10分前に到着が鉄則

仕事で取引先などを訪れる場合は、約束の時間の10分前、遅くとも5分前までに受付に到着しておきたいところです。到着後、応接室に案内され、相手がやってきたら、必ず立ち上がって挨拶をします。雑談で場を和ませてから商談に入りましょう。

お見舞いは長くても30分まで

病人のお見舞いをする場合、相手の体に負担をかけないように長くても30分、できれば15分程度で辞去するようにしましょう。面会時間は検査がよくある午前中や食事の時間を避け、午後2～3時頃が無難です。

奢ってもらうことを当たり前と思わない

「ごちそうするよ」と食事に誘われたとしても、支払いの際には自分で支払おうとする意欲を見せましょう。奢ってもらって当たり前という態度をあからさまに出してはいけません。奢ってもらい支払いが済んだら、「ごちそうさまでした」のひと言をわすれずに。そして別れる間際にもお礼を伝えてください。上司や先輩に奢ってもらった場合は、翌日の朝に顔を合わせたときにもお礼をいいます。ただし、ほかの社員に聞こえるように大声でいったりすると気まずくなるケースがあるので、なるべく目立たないように伝えましょう。

お裾分けでご近所づきあいが円滑に

隣近所や同じマンションに住んでいる方と関係を悪化させると、何かと大変です。よい関係でいるに越したことはありません。過剰に仲良くする必要はありませんが、よく顔を合わせるようなら、お辞儀したり、軽く挨拶したりして、コミュニケーションをとっておくとよいでしょう。また、郷里から送られてきた名産品やいただきものなどを「お裾分け」として配る方法もあります。お盆やお皿などに載せてふきんをかけて持っていき、ふきんを外して手渡すのが正式な作法です。

引っ越しの挨拶

引っ越した場合、隣近所に挨拶します。挨拶のタイミングは引っ越し当日、遅くとも翌日までに済ませましょう。その際、500～1000円程度の挨拶品を持っていくと、相手の印象がよくなります。

お辞儀

頭を下げることで「無抵抗」を示す。西洋とは異なる日本独特の挨拶

日本人の挨拶は、頭を下げるお辞儀を基本としています。相手の目を見ながらの握手を基本とする欧米の人々の目には、この作法が奇異に映るようです。

お辞儀の歴史は古く、古代の埴輪にお辞儀をしていると思しきものがあったり、中国で三世紀末に書かれた『魏志倭人伝』に「日本人は貴人に逢うと頭を下げる」などという記述があったりします。

お辞儀は相手から視線を外し、無防備な頭部をさらします。そうすることで敵意がないことを伝えるわけです。相手を尊重しようとする、日本流の奥ゆかしい表現といえるでしょう。

使える!知識　お辞儀の使い分け

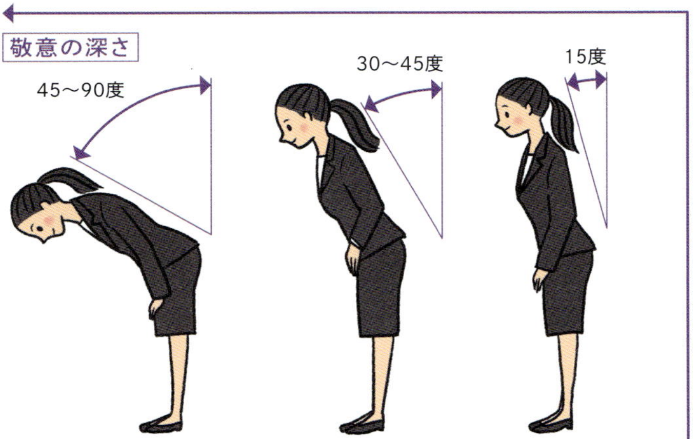

敬意の深さ

	最敬礼	敬礼	会釈
角度	45～90度	30～45度	15度
	深い敬意を表すべき相手に対して、あるいはお礼やお詫びする際に行う	初対面の相手や仕事相手に行う	目上の人や親しい人に対して行う

訪問

事前の連絡を忘れることなく、コートは玄関前で脱いでおく

年末年始に親戚宅に挨拶に出向いたり、仕事で得意先を訪問したり、友人たちとの食事会に参加したり……。他人の家にお邪魔するシチュエーションはさまざまですが、どんな状況にしても突然の訪問はいけません。事前に連絡を入れておくのが礼儀です。

当日は約束の時間どおりに訪れます。玄関前で手袋やコートなどを脱ぎ、なかに入ったら戸を閉めて軽く挨拶します。

靴を脱ぐときに大切なのは、相手にお尻を見せないこと。靴を脱いで上がったら体を斜めにしてひざをつき、靴をそろえて、玄関の端に寄せるのがコツです。

使える！知識　訪問時の心遣いポイント

❶ 事前連絡を忘れない

不意に訪問されると、どんなに親しい関係であろうと迷惑になる。どんな状況であっても事前連絡は必須。改まった訪問の場合は1週間ほど前にはアポイントをとっておきたい

❷ コートは玄関前で脱ぐ

日本の場合、玄関前でコートを脱いでからチャイムを押すのが基本とされている。辞去するときには、玄関の外へ出てからコートを着る

❸ 靴は脱いでからそろえる

玄関に入ったら軽く挨拶を交わし、「失礼します」と靴を脱いで上がる。相手に背中・お尻が見えないように、体を斜めにして靴をそろえる

手土産

気持ちを込めた手土産は、どのタイミングで渡せばよい？

他人の家にお邪魔する際、手土産をもっていくことがあるでしょう。

手土産は相手の家族構成や年齢、持参する物の日持ちを考慮して選びます。仕事の依頼のような改まった訪問の際には品物の包装も整え、さらに風呂敷（ふろしき）に包んで持参するのが理想です。

そして訪問先に到着し、部屋に通されたら、お辞儀をして「今日はお招きくださり、ありがとうございます」などと挨拶を済ませ、袋から取り出した手土産を渡します。渡すときには「つまらないものですが」ではなく、「旬（しゅん）の物ですから」などと品物のよい面を伝えましょう。

使える！知識 手土産を選び・渡すときのポイント

選ぶ

1. 相手の家族構成や年齢を考える
2. 賞味期限・消費期限に注意する
3. 仕事関係などで改まった目的がある場合は、包装を整えて風呂敷に包む

渡す

1. 部屋に通され、挨拶を済ませてから渡す
2. 手提げ袋から取り出して渡す
3. 「つまらないものですが」と言わない

敷居と畳縁

敷居や畳の縁、さらに座布団を足で踏んではいけない

和室では、敷居や畳の縁は踏まないことがマナーとされています。その理由については諸説ありますが、踏めば踏むほど痛みが早くなるため、踏まないに越したことはありません。

足で踏んでいけないのは敷居や畳の縁だけではありません。座布団も踏むことがタブーとされています。

座布団に座る際には、まず横かうしろに座り、軽く握った両手を座布団につきます。次につま先を立て、膝をつく姿勢で座布団の上ににじり上がります。そして座布団から立ち上がる際には、膝を使ってにじり出るようにします。

使える！知識　踏んではいけない場所

畳の縁
畳一畳は個人の陣地の境界と考えられており、畳の縁を踏むことで他人の陣地を侵すことになる。また、かつて家紋が入れられていたため、その家を踏みにじる行為にも通じた（88ページ参照）

座布団
座布団を踏みつけると、客人に対するもてなしの心を踏みにじる行為とみなされる

敷居
敷居は家の象徴。敷居を踏みつけると、家や家人を踏みつけるのと同義となる

上座と下座

出入口から一番遠い席が上座で、一番近い席が「下座」となる

目上の人などと会食や打ち合わせでお座敷を訪れた際、どの席に座るべきか迷う人が少なくありません。それは上座・下座という席次があるからです。ふさわしい場に座ることが、自分をわきまえて相手を敬い、失礼のない気配りと考えられており、席次を無視すると非常識な人とみなされてしまうのです。

和室は床の間を背にした席が上座、その向かい側が下座になります。床の間がない場合は、出入口から遠い席が上座です。

洋室も出入口から遠い席が上座になることは変わりません。ただし飾り棚があれば、そちらが上座になります。また庭などが見える眺望のよい席が上座となるケースもあります。

つまり、その空間において最も快適な場所が上座なのです。

二千年以上前の中国に起源がある

こうしたしきたりのもとになっているのは古代中国・前漢時代に書かれた『礼記』です。賢者たちの思想を述べたこの書物に、上座についての記述があります。

日本では江戸時代初期に客間をつくるようになったとき、畳を敷き詰めた座敷が誕生。その座敷の正面に室町時代の書院造りを模した床の間、飾り棚が配置されました。そして高い身分の来客があったとき、床の間の床柱の前を最上の席として迎えたのでした。

使える！知識 どこが上座で、どこが下座か？

※①から順に最上座〜最下座となる

洋室

一般的な部屋

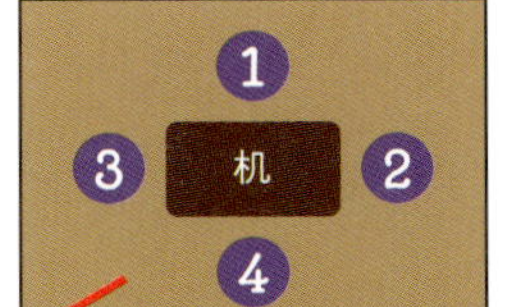

出入口から遠い席が上座、近い席が下座となる

飾り棚がある部屋

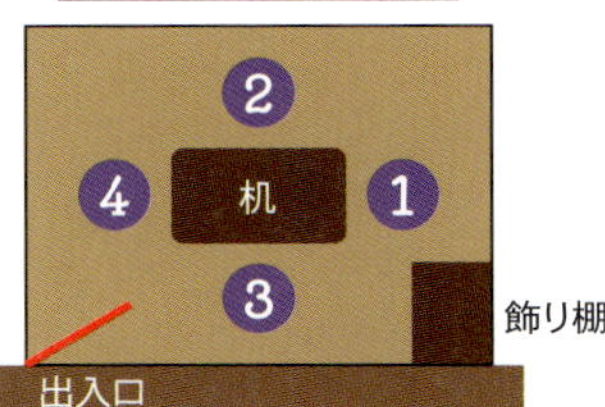

飾り棚に近い席が上座、遠い席が下座となる

和室

床の間がある部屋

床の間を背にした席が上座、その向かい側が下座となる

床の間がない部屋

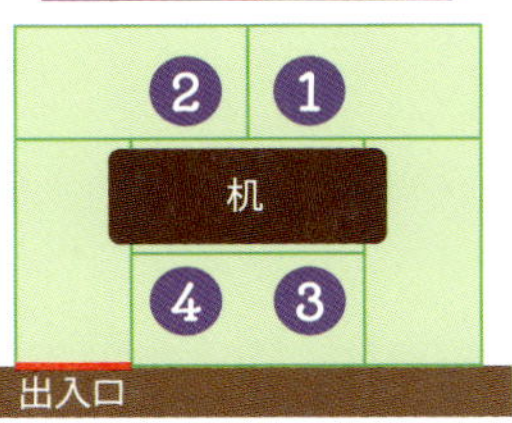

出入口から遠い席が上座、近い席が下座となる

エレベーターやタクシーにも上座・下座がある

エレベーター

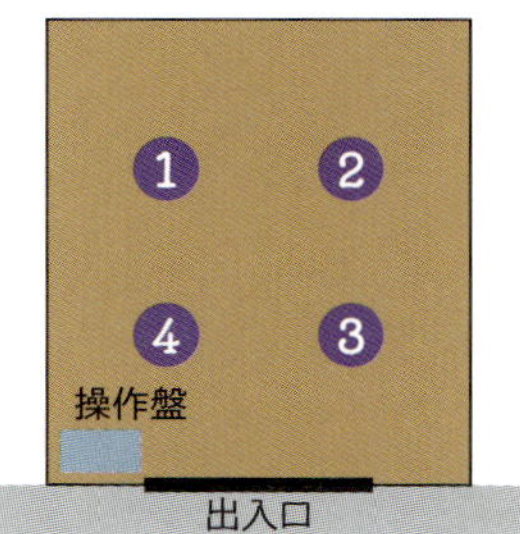

出入口から遠い場所が上座、操作盤の前が下座となる

タクシー

事故が起こった場合、最も安全な運転手の後ろが上座、最も危険な助手席が下座となる

お中元・お歳暮

お世話になっている人たちに贈答品を送って気持ちを伝える

夏と年末には、お世話になっている方たちにお中元とお歳暮を贈ります。お中元は上半期の感謝を伝える夏の挨拶、お歳暮は一年の感謝と来年の挨拶の意が込められたものです。

お中元とお歳暮が今のような形になったのは意外と新しく、江戸時代後期から明治時代の初期のことでした。どちらの起源も中国の風習にあります。

中国の宗教である道教では、厄祓いの日として一月十五日（上元）、七月十五日（中元）、十月十五日（下元）の三元が定められていました。とくに七月十五日の中元は神々にお供え物をすれば罪が許される日として重視されていました。

この風習が日本に伝来。中元の時期はお盆の時期に重なるため、家族や親戚がお土産などをもって集まりました。ここから、お世話になっている方たちに贈り物をする習慣ができていったのです。

お歳暮もお供え物が起源

お歳暮もまた、年神様へのお供え物を実家などに贈ったことがはじまりです。時期的に鮭や鰤の塩漬けなどの保存食が好まれ、お正月にも食されました。

この風習がいつしかお世話になっている方たちに感謝の意を表すお歳暮へと発展していったのです。

使える！知識

お中元とお歳暮の一般常識

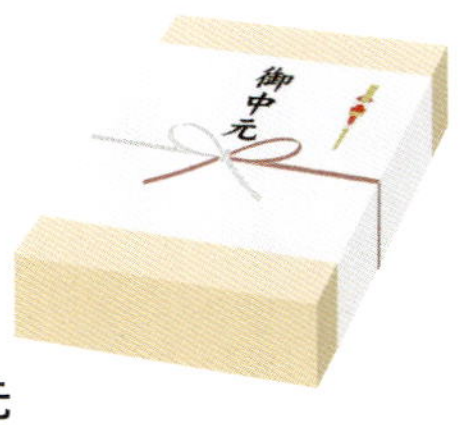

お中元

- 上半期の感謝を伝える夏の挨拶の意味を込めたもの
- 日頃お世話になっている人に品物を贈る
- 贈る時期は7月初旬から7月15日（地域によって異なる）
- 品物の値段は3,000〜5,000円前後が目安
- ジュース、ゼリー、ビールなどが好まれる

お歳暮

- 一年の感謝と来年の挨拶の意味を込めたもの
- 日頃お世話になっている人に品物を贈る
- 贈る時期は12月初旬から20日頃（地域によって異なる）
- 品物はお中元よりやや高い値段のものを選ぶ
- 肉類、魚介類、お菓子、アルコールなどが好まれる

お中元・お歳暮にまつわるマナー

送り状を添える（持参する場合は不要）

送り状は品物に同封してもよいが、品物の到着前に事前に送るほうがより丁寧。内容は、日ごろの感謝の意を中心にまとめる

贈る時期に気をつける

贈る時期を逃してしまった場合、お中元ならば「暑中お見舞い」や「残暑お見舞い」に、お歳暮ならば「寒中お見舞い」などとして贈る

熨斗（のし）をつけて贈る

表書きの水引の上には「御中元」「お中元」「御歳暮」「お歳暮」などと書き、下には贈る側の名前を小さく書く

お礼状を書く

お中元やお歳暮をもらったら、なるべく早くお礼状を書いて送る。送り主が親戚縁者ならば電話でもよい

しきたりの心

お中元やお歳暮をやめる方法

毎年贈っていたお中元やお歳暮をやめたくなることもあるでしょう。その場合、３段階で対応すると相手に嫌な印象を与えずに済みます。まずお中元・お歳暮のどちらかにします。次に贈る品物を少しずつ安いものにしていきます。最後に品物を贈らず、年末の挨拶状だけにします。こうすると、やめても大事には至りません。

熨斗と水引

贈答に欠かせない熨斗袋。その不思議な形態の意味とは？

贈答の儀礼に、熨斗と水引があります。進物を白い紙で包み、水引で結んで熨斗をつけて贈るのです。

熨斗は「熨斗鮑」の略です。古来、鮑は高貴な品とされ、祝儀やお祝いの贈答品に添えられました。やがて鮑を薄切りにして伸ばして乾燥させた熨斗鮑で代用されるようになり、武士には「相手を打ちのめし生き永らえる」、商人には「商売を伸ばす」に通じると喜ばれました。

今では、その熨斗鮑がお祝い用の熨斗袋の右上に簡略化してつけられているのです。

一方、水引は熨斗袋の横中央に掛けられている細長い紐状のものです。

大切な物品を浄める

隋の時代の中国から送られてきた大事な荷物に紅白の紐が結ばれていたため、当初は「くれない」と呼ばれていました。しかし平安時代以降、着色した水に麻紐を浸して引きながら染める作業工程から「水引」と呼ばれるようになったという説があります。その後、室町時代には和紙のこよりが登場し、水引と熨斗を用いる習慣が生まれ、江戸時代に庶民の間でも定着しました。

ただし熨斗同様、今では水引も簡略化され、色紙の折り熨斗とともに印刷されることが多くなっています。

使える！知識 熨斗と水引の意味を知っておく

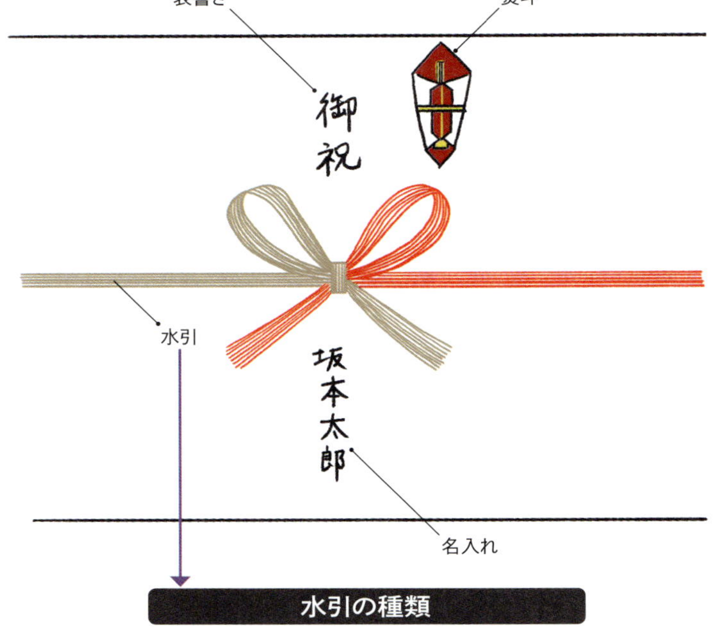

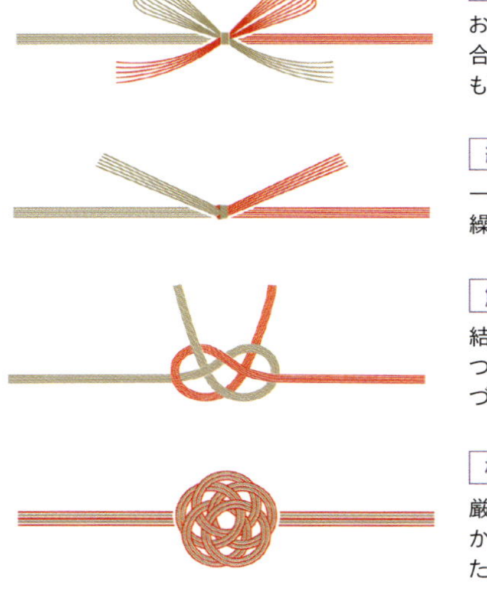

蝶結び

お祝い事やお礼など、何度繰り返してもよい慶事の場合は、何度も結び直せるこの結びを使う。「花結び」ともいう

結び切り

一度結ぶとほどけにくい結び。結婚や葬儀など、再び繰り返さないでほしいという願いを込める場合に使う

鮑結び

結び切りの一種で、末永く続くようにという意味をもつ。輪の部分が貝の「鮑」に似ていることから、こう名づけられた。「あわじ結び」ともいう

梅結び

厳しい冬を乗り越えて花を咲かせる梅に似ていることから名づけられた。結び目が固く、簡単にほどけないため、結婚などの慶事に使う

ご祝儀

金額は偶数ではなく奇数にし、祝儀袋の体裁にも気をつける

結婚や出産、七五三、入学といった人生の節目で贈るご祝儀。せっかくの気持ちを台無しにしないよう、気をつけたいのが包む金額や祝儀袋の体裁です。

包む金額に関しては二万円、四万円などの偶数はあまり好まれません。「二で割り切れる」「死（四）に通じる」とみなされるからです。

中国の陰陽道でも、陰の偶数より陽の奇数のほうが縁起がよいとされており、たとえ二万円を包むとしても、一万円札一枚と五千円札二枚の計三枚（奇数）にすることがあります。

ご祝儀袋にお金を入れたら、誰から贈られたものかが分かるよう、中袋（中包み）に金額や名前を記してください。

さらに、ご祝儀袋の水引にも注意が必要です。何度繰り返してもよいお祝い事の場合は蝶結びにし、一度きりにしたい結婚式の場合は結び切りにします。

袱紗に包んでもっていく

そして、ご祝儀袋をお渡しする際にはむき出しではなく、袱紗に包んで持参するようにしましょう。

受付で袱紗からご祝儀袋を取り出し、袱紗の上にのせ、正面が相手に向くように回して袱紗ごと両手で差し出します。

使える！知識　ご祝儀の忘れがちな2つの作法

❶ 中袋（中包み）を書く

誰からのご祝儀かが分かるように、金額・住所・名前を書いて、ご祝儀袋に入れる。
封筒の形のものを「中袋」、1枚の紙を折ってお札を包むものを「中包み」という

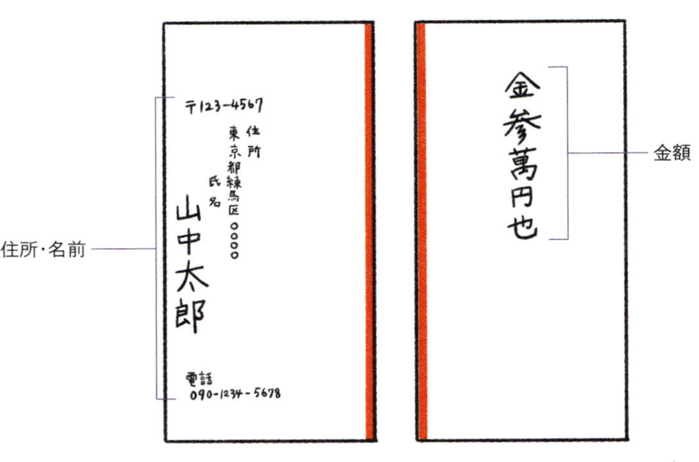

❷ 袱紗に包んで持参する

袱紗の右寄りにご祝儀袋を置く

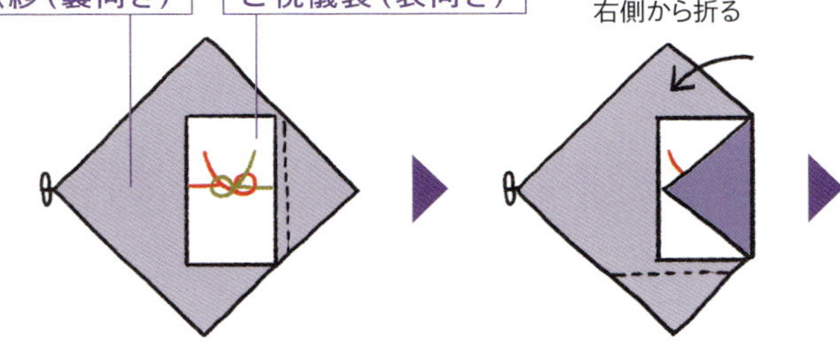

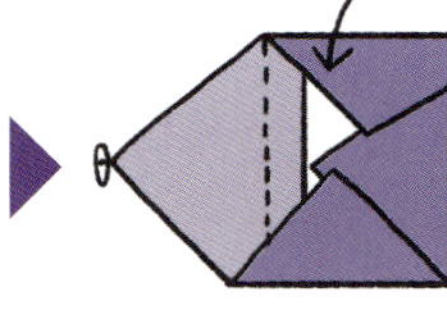

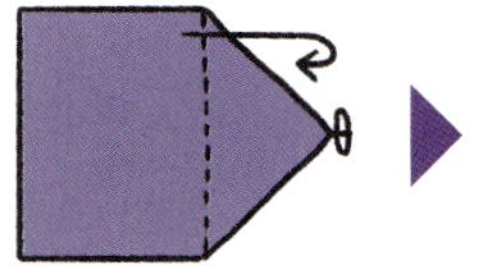

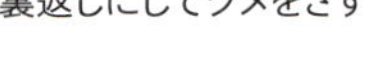

引き出物

来客に持ち帰ってもらい、お祝いをお裾分けする

結婚式に招かれると、帰り際に引き出物を渡されます。日用品、食器、食品のほか、最近は自分の好きなものを選べるカタログギフトが人気を集めています。

このように、主催者が招待した客に贈り物をする習慣は古くからありました。そのルーツとされるのが馬です。

平安時代の貴族は宴席をもうけ、お開きになると、馬を庭に引き出してきて、招待した来客への贈り物としていました。それが引き出物の語源とされています。鷹や犬などを贈ることもあったようです。

その後、武家社会になると刀や弓矢などの武具、砂金、銭、茶、昆布といったものが贈られるようになりました。

やがて江戸時代には鰹節や鯛の焼き魚、鯛をかたどった落雁などが定番化します。「勝男武士」「目出度い」と、縁起のよい言葉に通じることが好まれたのです。

カタログギフトは引き出物？

先に述べたように、最近人気の引き出物はカタログギフトです。

しかし本来、引き出物は主催者が来客に持ち帰ってもらい、家族みなで慶事を祝ってほしいという品物です。そうした意味では、カタログギフトがふさわしいかどうかは不明瞭といえるかもしれません。

人気の引き出物ランキング

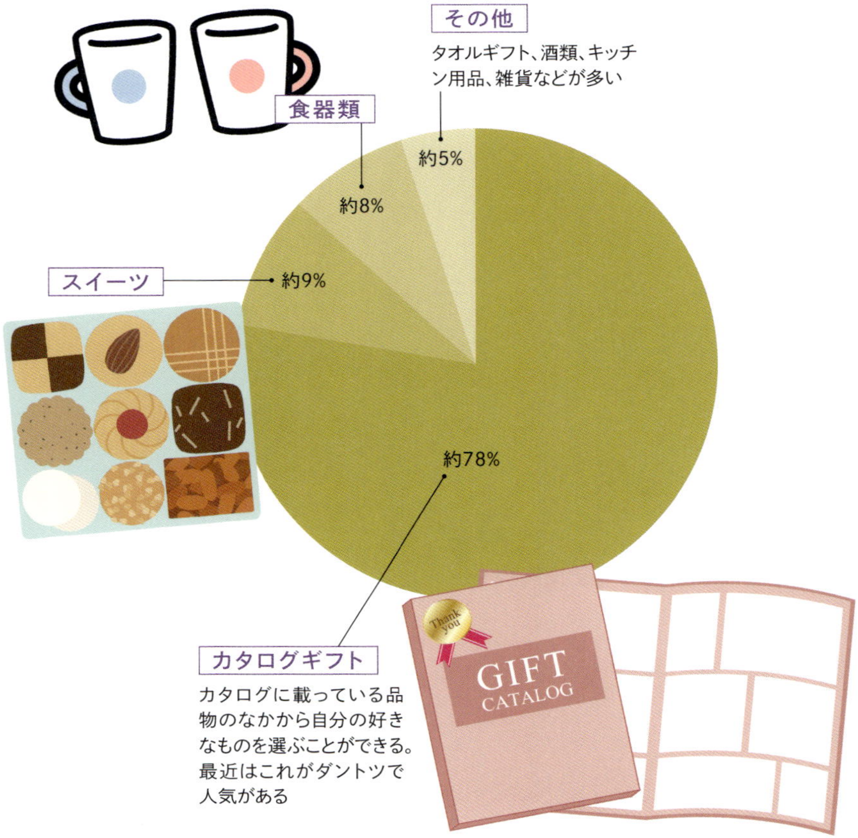

その他
約5%
タオルギフト、酒類、キッチン用品、雑貨などが多い

食器類
約8%

スイーツ
約9%

カタログギフト
約78%
カタログに載っている品物のなかから自分の好きなものを選ぶことができる。最近はこれがダントツで人気がある

GIFT CATALOG

出所：BECOS Journal

しきたりの心

「銭別」ではなく「餞別（せんべつ）」と書くのはなぜ？

転勤などで新地に赴く人に対して、金銭や贈り物を渡す習慣があります。これを「銭別」ではなく「餞別」と書くのは、なぜでしょうか。かつて日本人は、旅立つ人の馬のくつわをとり、その人が行く方角に向けました。これを「鼻向け」といいます。餞別の「餞」は「はなむけ」とも読むように、この習慣から「餞別」になったと考えられています。

焼香

宗派によって作法が異なるものの、大切なのは気持ちです

焼香で故人に祈りを捧げる

仏式のお葬式に参列すると、お焼香を行います。これは穢れを祓い、清い心と体で故人に祈りを捧げるための儀礼です。

お香をつまんで額に押しいただくようにして祈り、指をこすりながら香炉に落とします。お焼香の回数はふつう仏・法・僧に供える三回とされています。浄土真宗のように額に押しいただかず、そのまま香炉にくべたり、回数が一回だったりと、宗派によって多少の違いがありますが、大切なのは気持ちです。

お焼香が終わったら、合掌してご冥福を祈り、遺族に一礼して戻ります。

お葬式に参列する時には、故人や悲しみに沈む遺族に対して失礼のない振る舞いをしたいものです。最近はさまざまな形式の葬儀が行われていますが、基本的なマナーは大きく変わりません。

服装は喪服ですが、急報でお通夜に間に合わない場合でも、黒系の地味な服なら大丈夫です。アクセサリーは原則、結婚指輪以外はつけません。パールのイヤリングやネックレスならかまいませんが、二連のネックレスは「不幸を重ねる」という意味があるので控えます。

場にそぐわない派手な化粧、不快感を与えるような強すぎる香水も避けましょう。

使える！知識

お焼香の手順

❶ 香炉の手前まで進み、遺族に一礼。その後、一歩進んで故人に一礼する

❷ お香をつまんだら頭を軽く下げ、お香を額に押しいただくようにして祈る

❸ 指をこすりながら、お香をそっと香炉に落とす。一般的には、これを3回繰り返す

❹ 故人に向かって合掌。その後、遺族に向かって一礼して席に戻る

お焼香の宗派別回数

宗派	回数	押しいただくか否か
天台宗	3回	とくに決まりはなし
真言宗	3回	3回とも押しいただく
浄土宗	1～3回	1回か3回押しいただく
浄土真宗（本願寺派）	1回	押しいただかない
浄土真宗（真宗大谷派）	2回	押しいただかない
臨済宗	1回	とくに決まりはなし
曹洞宗	2回	1回か2回押しいただく
日蓮宗	1-3回	1回か3回押しいただく

香典（こうでん）

食べ物から金銭に変化。葬儀や告別式で包むお金

お通夜やお葬式、告別式に参列する際には、お香典を持参します。

本来、香典は「香奠（こうでん）」と書き、お香を霊前に供（そな）えることを意味したため、お香の代金としてお金を包むようなものです。かつては米や野菜を持ち寄っていましたが、葬儀の費用がかさみはじめた大正以降、金銭になりました。

お金を包む際には、新札を入れると「故人の死を待っていたのでは……」と思われてしまうため、折り目をつけるか、古いお札を使います。また、香典袋の水引の結び方は、「二度と繰り返してほしくない」という意味で結び切りにします。

使える！知識　香典はお札と水引に注意

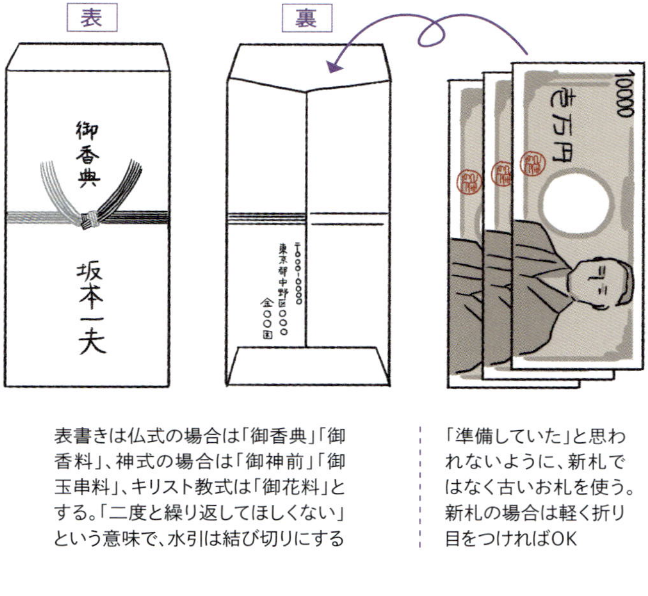

表

御香典

坂本一夫

裏

〒000-0000
東京都中野区0000
金〇〇円

壱万円

10000

表書きは仏式の場合は「御香典」「御香料」、神式の場合は「御神前」「御玉串料」、キリスト教式は「御花料」とする。「二度と繰り返してほしくない」という意味で、水引は結び切りにする

「準備していた」と思われないように、新札ではなく古いお札を使う。新札の場合は軽く折り目をつければOK

清め塩

お葬式からの帰宅時に体に振りかけて穢れを祓う

お葬式に参列すると、塩をもらうことがあります。これは清め塩といい、帰宅時に体に振りかけ、穢れを祓うために使います。

清め塩のルーツは、日本列島を生んだ伊邪那岐・伊邪那美の神話にありました。伊邪那岐は亡き妻・伊邪那美に会いたいあまり、死者の国である黄泉国を訪れますが、伊邪那美は体が腐っており、現世に逃げ帰ってきました。その後、伊邪那岐は死の穢れを祓うため、海水で身を浄めました。それが清め塩につながったとされています。相撲の力士が行う塩まきも、お浄めの意味があります。

使える！知識 清めの塩をかける順番

お葬式から帰ったら玄関に入る前に、塩を胸→背中→足元の順にかけ、最後に足元に落ちた塩を踏む

こらむ

しきたりの真相を探る！

畳の縁をうっかり踏んでしまうとどんなことが起こるのか？

日本ならではの文化のひとつに畳があります。その畳にまつわるしきたりとして、「畳の縁を踏んではいけない」と教えられた方は多いでしょう。このしきたりの背景には、「境界」の意識がありました。

かつて畳1畳は、人ひとりの生活スペースとみなされていました。1畳あれば、座ったり、寝たりするには事足りると捉えられており、畳の縁はそのスペースを守る境界と考えられていました。

したがって、畳の縁を踏めば他人の陣地に踏み込もうとしたことになります。それゆえ、畳の縁を踏むことが禁じられたのです。

別の説では、権威の象徴だったからともいわれています。

武家社会では、畳の縁布に家紋を入れることがありました。身分によって畳の縁が異なり、なかには金糸や銀糸で織られた豪華なものも存在していました。そうした縁を踏んでしまうと、権威を踏みにじる行為と捉えられかねないため、禁忌として意識させていたと考えられています。

「霊柩車を見かけたら親指を隠せ」といわれるのはなぜ？

葬儀場で告別式を終えると、遺体の入った棺は霊柩車に乗せられ、火葬場へ向かいます。遺体を運ぶ乗り物とみなされているからか、霊柩車を薄気味悪く感じる方は少なくないでしょう。

そうしたなかで語られてきたのが、「霊柩車を見たら親指を隠せ」という言い伝えです。車社会になる前は、「葬列に出会ったら、親指を隠せ」といわれていました。

その理由として、「自分の親がそれに続いて亡くならないように」、と祈りを込めるしぐさなどといわれますが、それは迷信のようです。

仏教の教えによると、人が亡くなってまもないうちは、魂が不安定で、この世とあの世の間を漂っています。その時期に他人の魂が親指の爪の間を通って体内に入ってしまい、この世から連れ去られることもあるのではないかと考えられました。そこで親指をなかに入れ、こぶしを強く握りしめて身を固くします。そうすることで他人の魂の侵入を防げると信じられました。つまり、霊柩車を見て親指を隠すのは、護身のためのしぐさというわけです。

第四章

縁起のしきたり

おめでたい日に赤飯を炊いてお祝いしたり、お葬式から帰宅した際に塩をまいたりと、日本人が事あるごとに気にする縁起。そんな縁起の意味や由来について、本章で紹介します。

イザという時に便利な

お作法手帖

冠婚葬祭の作法・結婚編

かけがえのない友人、親しい仲間、お世話になっている先輩や上司——。そうした人たちから結婚式に呼ばれたら、心からお祝いしてあげたいものです。せっかくの祝い事が台なしにならないよう、ここで基本的なマナーを覚えておきましょう。

招待状の返事は一週間以内に

結婚式の招待状をもらったら、なるべく早く返事を出しましょう。先々の予定を読みきれないこともあるかもしれませんが、相手の都合を考えて、到着から1週間以内にレスポンスしたいところです。

返信用葉書の書き方

出席する場合

①「御欠席」を2本線で消す。「出席」をマルで囲み、「御」の字を2本線で消す
②住所を書き、「御」の字を消す。名前を書き、「御芳」の字を消す
③余白にお祝いの言葉を記す

御欠席　御出席　御住所　御芳名

ご結婚おめでとうございます。いつもお世話になっているお二人の幸せをお祝いできて、本当にうれしく思います。当日を楽しみにしています。

○○県○○市○○○○

中村悦子

欠席する場合

①「御出席」を2本線で消す。「欠席」をマルで囲み、「御」の字を2本線で消す
②住所を書き、「御」の字を消す。名前を書き、「御芳」の字を消す
③余白にお祝いの言葉を記し、お詫びの言葉を簡単につけ加える

御出席　御欠席　御住所　御芳名

ご結婚おめでとうございます。招待していただき、とてもうれしいのですが、やむを得ない事情があり、欠席させていただきます。お二人の幸せをお祈り申し上げます。

○○県○○市○○○○

田村健一

祝儀袋に新札を包む

結婚のお祝いは祝儀袋に入れます。熨斗（のし）と水引（みずひき）のついた祝儀袋に新札を入れましょう（78ページ参照）。

ご祝儀の目安

披露宴に出席する場合、ご祝儀の相場は次のようになっています。出席しない場合と合わせて覚えておきましょう。なお、会費制の結婚式は出席すること自体がお祝いになるため、ご祝儀を用意する必要はありません。

披露宴出席時のご祝儀相場

兄弟姉妹の結婚式	3～10万円
甥姪の結婚式	3～5万円
部下の結婚式	5万円
友人の結婚式	3万円

披露宴欠席時のご祝儀相場

親族	1～2万円
友人	1万円
職場の同僚	5,000～1万円

男性の服装

一般招待客の男性は黒色のスーツに白かシルバーグレイのネクタイが主流ですが、最近はダークスーツに淡いカラーのネクタイを合わせる方も増えています。

女性の服装

一般招待客の女性は優しい色合いのワンピースを基本とします。花嫁衣裳と同じ白色のものや、体のラインがはっきり出るデザインのもの、ミニスカートなどは避けましょう。足元は肌色のストッキングに、靴はパンプスが一般的です。髪はアップスタイルが基本です。

親族の服装

親族の場合、父母は正礼装、兄弟姉妹は男性は黒色のスーツに白いネクタイ、既婚女性は留め袖か華やかな訪問着、未婚女性は和装なら振り袖、洋装ならフォーマルなワンピースなどが好まれます。高校生以下は制服で問題ありません。また叔（伯）父・叔（伯）母、祖父母は、新郎新婦の父母より、やや控えめな服装を心がけます。

お祝いの言葉

「本日はおめでとうございます」が一般的な挨拶となり、新郎新婦の友人ならひと言加えてもよいでしょう。祝辞を述べる際には、次のような「忌み言葉」に注意する必要があります。

別れを連想させる言葉

「別れる」「離れる」「切れる」「終わる」「消える」「流れる」「冷める」「最後に」など

再婚を連想させる言葉（重ね言葉）

「たびたび」「ますます」「いよいよ」「徐々に」「どんどん」「次々と」「くれぐれも」「だんだん」など

赤飯

その色が魔除けになる。
忌み事でも食されてきた赤いご飯

お祝いの日やおめでたい席でふるまわれるのが赤飯です。もち米に小豆などを混ぜて蒸した日本の伝統食で、赤い色は小豆の煮汁を吸収して染まったものです。

赤飯を特別な日に食べる習慣は、はるか昔に生まれたと考えられています。

縄文時代に大陸から伝わってきたお米は、焚くと赤く色づきました。いわゆる赤米です。赤米は主に神様へのお供え物として用いられていましたが、お供えした後、〝神様のお下がり〟として、人々がみなでいただくようになりました。

そうしたなかから、特別な日に小豆で赤い色に染めたお米を食べる習慣が生まれたと考えられているのです。

凶事にも食べられていた

ただし昔は、お祝いの日やおめでたい席だけでなく、お葬式などでもお赤飯が食べられていました。その根底には、赤は災いを祓ってくれる色、すなわち死の穢れを浄化してくれる色だと信じられていたことがあり、その風習は今も残されています。

お祝い事では祝賀の象徴として、忌み事では魔除けとしてふるまわれていた赤飯。現在はおめでたい席でしかふるまわれませんが、良き日にも悪しき日にも食されていた赤飯は、日本人の心といえるような食べ物なのです。

使える！知識 昔ながらの赤飯のつくり方

① もち米をといでザルに上げておく

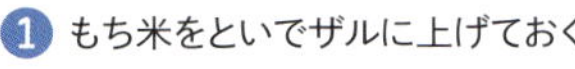

② 小豆は一度ゆでこぼしてから水を加え、やや固めにゆでる

③ 小豆をゆでたら、小豆とゆで汁に分ける

④ 水切りしておいたもち米を小豆のゆで汁に5〜6時間つける

⑤ もち米をザルにあけ、小豆と混ぜ合わせる

⑥ 小豆を混ぜたもち米を蒸し器で15〜20分ほど蒸す

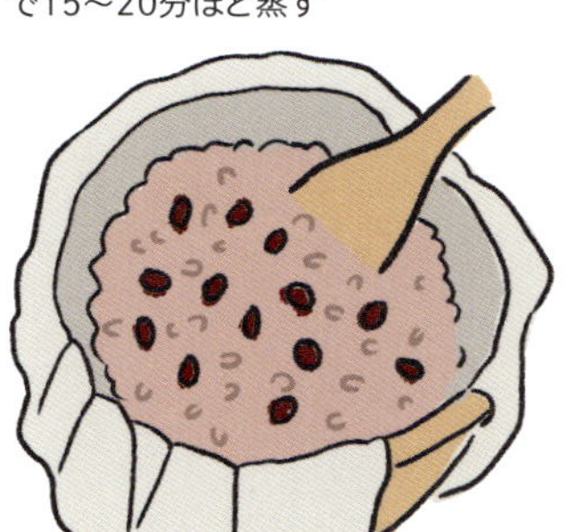

⑦ 塩を少々入れた小豆のゆで汁をもち米にかけて混ぜ合わせる

⑧ そのまま15〜20分ほど蒸したら出来上がり

しきたりの心

赤飯と南天の葉。その関係は？

赤飯には南天の葉がつきもの。南天の葉には防腐効果があるとされ、それが厄除けにつながりました。また「難（ナン）を転（テン）じる」という語呂合わせから、縁起のよい木とみなされ、赤飯とセットになったのです。

松竹梅

お祝いの席でみかける三点セット。そのルーツは中国にあった

お祝いの席の屏風などによく描かれている松竹梅の三点セット。この松竹梅のルーツは中国にあります。

十〜十三世紀の中国・宋の時代、絵師たちは寒中でも青々としている松、まっすぐ伸びて風に強い竹、冬の間に力を蓄えて春に花を咲かせる梅を好んで描きました。三つを組み合わせたものを「歳寒三友」といい、日本にも伝わりました。

もともと日本の神道の世界観では、年神様を迎える門松に使われていた松のように、身近な植物であったため、次第に「おめでたいもの」として定着していったのです。

使える！知識　松竹梅には序列がある？

まっすぐ伸び、風にも強い。室町時代以降に縁起物として重宝されるようになった

寒中でも青々としている常緑樹で、平安時代からおめでたいものとされていた

冬の間に力を蓄えて春に花を咲かせる。新春を彩るものとして江戸時代に定着した

竹　松　梅

1　2　3

一般的には「松＞竹＞梅」という順番になっているイメージがあるが、本来は３つに序列はない。寿司屋などで「特上・上・並」の値段設定があると、客が注文しにくいという理由で、格付けされたといわれている

万歳

両手をあげてバンザーイ！ そこにどんな意味があるのか？

選挙で当選したり、受験に合格したとき、両手を挙げて「万歳！」と叫びます。この習慣は古代中国の「千秋万歳（せんしゅうばんぜい）」という言葉にルーツがありました。

千秋万歳とは「万の歳」という意味で、皇帝の長寿を祈願する意味をもちます。それがのちにお祝いの気持ちを表す言葉になり、日本に伝わりました。

当初、日本では「まんざい」もしくは「ばんぜい」と読んでいました。しかし、明治憲法発布の日、天皇に「万歳」と声をかけようとなったとき、「まんざい」や「ばんぜい」では発音しにくいということで「ばんざい」になったのです。

使える！知識 万歳三唱と三本締めの違い

万歳三唱と三本締めは似た印象があるが、使うタイミングや意味合いが異なる

■ 万歳三唱
- 万歳を3回繰り返す
- 祝賀式典や優勝セレモニーなどのおめでたい場面でお祝いの気持ちを込めて、嬉しいときに喜びの気持ちを込めて行う

■ 三本締め
- 「パパパン・パパパン・パパパン・パン」と手を叩く動作を3回繰り返す
- 宴会や総会、商談事、お祭りなどを締める場面で、「物事が無事に収まりました」という意味で感謝の思いを込めて行う

おみくじ

気が滅入る凶のおみくじ……。もう一度、引き直してもよい？

神社に参拝したら、おみくじを引いて吉凶を占うのが定番といえるでしょう。
そもそも日本における占いの原型は卜占です。古代の人々は亀の甲羅や動物の骨を焼き、そのヒビ割れ具合を見て吉凶を判断しました。現代のおみくじにつながるものは延暦寺の僧侶・元三大師が十世紀に作成したもので、百通りのくじについた漢詩の内容で吉凶を占いました。
おみくじで凶が出ると気が滅入りますが、引き直してはいけません。神様のお告げを疑っていることになるからです。凶でも受け入れ、吉に転じることを祈りつつ、おみくじ掛けに結びましょう。

使える！知識　引いたおみくじをどうするか？

❶ 受け入れる

「凶」だからといって捨てるのはNG。吉凶にかかわらず、おみくじに記されている内容を受け入れ、今後の行動指針とする

❷ おみくじ掛けに結ぶ

吉に転じることを祈りつつ、引いたおみくじを境内のおみくじ掛けに結ぶ。家に持ち帰ってもよい

だるま

選挙で目を描き入れるだるまが片方だけ目なしになった理由とは？

だるまは選挙に欠かせません。出陣式で片方の目を描き入れ、当選時にもう片方の目を描き入れて喜びを表現します。

だるまは中国に禅宗を伝えたインド人の達磨大師をモデルとして、室町時代につくられました。目を入れない状態で売られるようになった理由としては、疱瘡除け説が唱えられています。

江戸時代には疱瘡で失明してしまうケースがあり、魔除けの効果があるとされる赤いだるまが購入されました。とくにきれいな目のだるまが好まれたため、売り手はお客の前でよい目を入れようと、目なしだるまが増えたといわれています。

使える！知識　祈願成就の目の入れ方

❶ 左の目（向かって右側の目）に墨汁などで筆入れする。水性マジックなどでもよい

❷ 試験に合格するなどして目標を達成できたら、右の目にも筆入れする

神輿（みこし）

神様が乗っているのに、激しく揺らし続けるワケ

ワッショイ、ワッショイ――――。お祭りにお神輿は欠かせません。神様はハレの日に輿に乗って地域内を巡行します。

そもそもお神輿は、神社に鎮座している神様が乗り移った〝出張神社〟です。

神様が乗っているにもかかわらず、担ぎ手が輿を盛んに揺らすのは失礼ではないかと思うかもしれませんが、まったく失礼ではありません。神様は輿が揺れるほど、その刺激で神力を増し、豊作や幸福などをもたらしてくれると信じられているからです。

神輿同士をぶつける激しい行為も、そうした理由によります。

使える！知識　神輿担ぎのコツ

1. 肩の高さが合う位置で入り、頭を担ぎ棒の内側に入れる
2. 肩と担ぎ棒の間にタオルを入れ、痛みを軽減する
3. ほかの担ぎ手と上下動のタイミングを同じにし、調子を合わせる

盛り塩

客寄せの縁起物として、あるいは厄除けとしても使われる

飲食店の入口などに置かれた盛り塩。その起源は中国の故事にあります。

西晋（せいしん）の初代皇帝・司馬炎（しばえん）は空き時間に羊に引かせた車で女性たちのもとへ通っていました。ある女性は皇帝に来てもらおうと、家の前に羊の好きな塩を盛って車を引き止めます。思惑どおり皇帝は彼女のもとにやってきて、一夜を過ごしました。この逸話から、お店の前に盛り塩を置いておくと、お客を呼び寄せられると信じられるようになったのです。

それだけではありません。風水では盛り塩に厄除け（やくよ）けの効果があるとされ、玄関や水回りなどに置かれています。

使える！知識　盛り塩の置き場所はココ

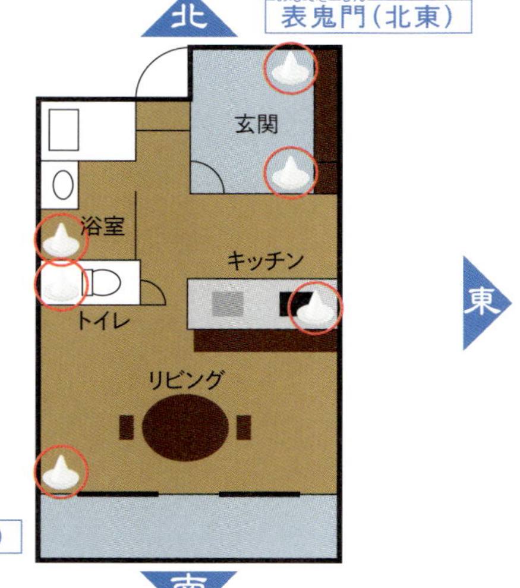

方角がよくわからない場合、運気の出入口となる玄関、浴室、トイレ、キッチンなどの水回りなどに置いてもよい

地鎮祭・上棟式

家を建てる際に欠かせない
重要な二つの儀式

マイホームをもつことは人生における一大事業です。それだけに、古来日本では家を建てる際に地鎮祭・上棟式（棟上げ式）という重要な儀式を行ってきました。

地鎮祭は土木工事をはじめる前、あるいは建物を建てる前に、その土地の神様を鎮めるために行います。

土地の真ん中に青竹を四本立てて注連縄を張り巡らし、斎庭と呼ばれる祭場を整えます。そして神職による祓いの儀式で土地を浄めたら、酒やお米などの神饌をお供えし、祝詞を奏上して工事の安全を願うのです。儀式の後はお供えしたものを下ろし、関係者でいただきましょう。

完成間近で行う上棟式

上棟式は柱や梁などを組み立て終え、棟木（屋根の最上位の横木）を上げるタイミングで行います。ここまでの工事の無事を神様に感謝するとともに、家屋の長久を祈るのです。

具体的には祝詞の奏上の後、棟梁が棟木に幣串と呼ばれる魔除けの飾りをつけ、災難除けの破魔矢などを飾って、屋根にあげます。さらに家屋の四隅にお餅やお酒、塩をまいて建物を浄め、棟梁が「千歳棟、万歳棟、永永棟」と唱えて家と家族の無事を祈願します。

家を建てるという行為にも、神様を敬う日本人の心が息づいているのです。

使える！知識　地鎮祭・上棟式の流れをおさえる

地鎮祭

1. 斎庭を整える
2. 神職が祓いの儀式を行い、土地を浄める
3. 酒やお米などの神饌をお供えする
4. 祝詞を奏上して工事の安全を願う
5. 儀式の後、お供えしたものいただく

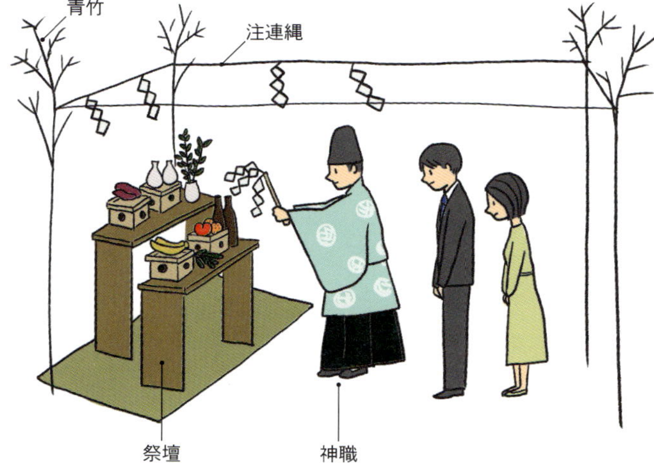

上棟式

1. 祝詞を奏上する
2. 棟木に幣串をつけ、破魔矢などを飾って屋根にあげる
3. 家屋の四隅にお餅やお酒、塩などをまいて建物を浄める
4. 棟梁が「千歳棟、万歳棟、永永棟」と唱え、家と家族の無事を祈願する

六曜

カレンダーに書かれている謎めいた言葉の意味を探る

「結婚式は大安に」「お葬式は友引を避ける」といった具合に、六曜を気にする人は少なくありません。六曜とは、カレンダーに日付とともに書き込まれている先勝・友引・先負・仏滅・大安・赤口のこと。古代中国で使われていた暦の注記のひとつです。

その由来については、「三国志」の軍師・諸葛孔明が編み出し、戦いの吉凶を占ったという俗説もありますが、一般的には六壬という占術が変化したものであると考えられています。

日本には室町時代に伝わり、江戸時代末にその日の運勢を占い、行動を決める指標として使われるようになりました。

そして明治時代に入り、旧暦から新暦に移行すると、六曜は政府が禁止したにもかかわらず、民間暦につけられて存続したといわれています。

大安は最も吉の日

では、六曜は具体的にどのような意味をもっているのでしょうか。

大まかにいうと、先勝は急ぐほど勝ちの日、友引は何事も引き分けの日、先負は勝負事や急用を避けるべき日、仏滅は何事もうまくいかず祝儀は慎むべき日、大安は最も吉の日、赤口は正午前後のみ吉の日です。意外なことに、仏滅は仏教と何の関係もありません。

使える！知識　大安や仏滅などの意味を知る

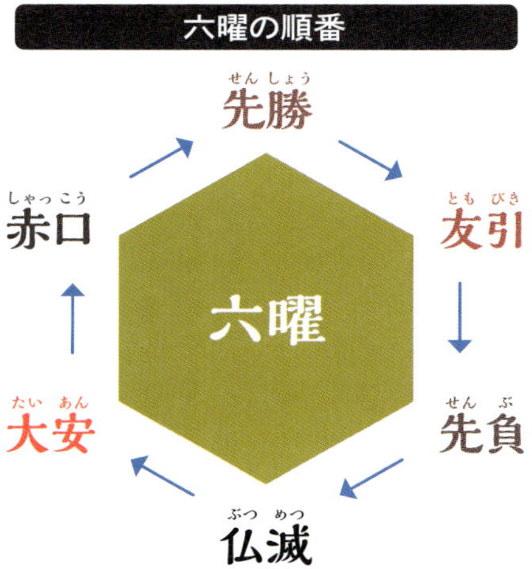

六曜の順番

先勝（せんしょう）→ 友引（ともびき）→ 先負（せんぶ）→ 仏滅（ぶつめつ）→ 大安（たいあん）→ 赤口（しゃっこう）

六曜

六曜はこのような順番で規則正しく繰り返されている。
また、旧暦の各月 1 日にあたる六曜は決まっている。

六曜の意味

六曜	吉凶の順位	意味
先勝	3	万事に急ぐをよしとし、午前は吉、午後は凶となる。旧暦1月・7月の1日が基準日となる
友引	2	何事に関しても引き分けで勝ち負けがないといわれる。祝い事はよいが、葬式は「友を引く（友人の死を誘う）」ため、よくないとされる。旧暦2月・8月の1日が基準日となる
先負	4	万事に平静を吉とし、午前は凶、午後は吉となる。旧暦3月・9月の1日が基準日となる
仏滅	6	万事に凶となる最悪の日で、引っ越しや開店は避けるべきとされる。旧暦4月・10月の1日が基準日となる
大安	1	六曜のなかで最も吉となる日。引っ越しや開店、契約、旅立ちなど、すべてにおいて終日吉とされ、婚礼などに選ばれる。旧暦5月・11月の1日が基準日となる
赤口	5	赤舌神（極悪・忿怒の神）に悩まされる凶日。ただし、正午前後は吉となる。旧暦6月・12月の1日が基準日となる

こらむ

しきたりの真相を探る！

「赤飯にお茶などをかけて食べてはいけない」といわれる理由

江戸時代の庶民は毎朝、前日に炊いたご飯の残りにお茶や汁物をかけた“ぶっかけ飯”を食べていました。お茶漬けは、当時の名残といえるかもしれません。

この食べ方が赤飯では許されず、「赤飯はお茶であれ、お湯であれ、水分を足して食べてはいけない」と戒められてきました。

赤飯にお茶などをかけることを禁忌（きんき）とする理由は、「ケ」の食べ方だからだと考えられます。

日本には古くから「ハレ」と「ケ」という考え方が存在します。祝事や祭りなどが行われる特別な日は「ハレ」、ふだんの日は「ケ」です。昔の人は両者を混同するような行為をひどく嫌い、はっきり分けるべきと考えていました。

赤飯はハレの日を象徴する食べ物で、神様にお供えした後にみなで分けて食べていました。そうしたありがたい食べ物だったため、“ぶっかけ飯”のような食べ方は許されませんでした。

「赤飯にお茶などをかけてはいけない」という言い伝えの背景には、「ハレ」と「ケ」の概念が残っていたのです。

「夜に爪を切ると親の死に目に会えない」というのは本当か？

「夜に爪を切ると、親の死に目にあえない」という言い伝えを聞いたことがあるでしょう。現代人は多忙な方が多く、昼間に悠長に爪を切っているヒマなどありません。「夜がダメなら、いつ切ればよいのか？」と、反論したくなるかもしれません。

なぜ夜に爪を切ってはダメなのでしょう。ひとつは、暗くて危ないからというシンプルな理由が挙げられます。

指先がはっきり見えないなかで爪を切れば、深爪をしたり、皮膚を切って出血したりしかねません。現在は明るい電灯のもとで爪を切ることができますが、昔はロウソクかランプを使うしかありませんでした。

ロウソクもランプの燃料の石油も決して安くはなく、庶民はなるべく節約して長時間使わないようにしていました。また、ロウソクもランプもそこまで明るくないので、怪我を完全に防げるわけでもありません。

結局、爪は明るい昼間に切れば済む話。そうした意味で、夜に爪を切ると、親の死に目にあえないといわれるようになったと考えられています。

第五章

人生儀礼のしきたり

人生の節目には、健康や幸せを祈ってさまざまな儀式が行われます。赤ちゃんの頃から成人、結婚を経てあの世に召されるまでの人生儀礼を流れに沿って見ていきましょう。

イザという時に便利な

お作法手帖

冠婚葬祭の作法・葬儀／告別式編

慶事と弔事が重なった場合、優先すべきは弔事であるといわれます。ここからわかるように、日本では死者を弔う儀式が重視される傾向にあります。葬儀や告別式で遺族の近親者や弔問客に失礼がないよう、最低限の作法を知っておきましょう。

お通夜と告別式、どちらに出る？

かつてはお通夜には身内だけが出て、告別式には一般の弔問客が参列する習慣がありました。しかし最近では、一般の弔問客もお通夜に参列するケースが増えており、葬儀も告別式とひと続きで行われることがほとんどになっています。一般の弔問客が葬儀・告別式に参列しても失礼にあたらないので、お通夜かどちらかに参列すれば大丈夫です。

弔電でお悔やみを伝える

やむを得ない事情でお通夜にも葬儀・告別式にも参列できない場合、弔電を打つ方法があります。葬儀・告別式の前日までに喪主宛に打ち、後日、現金書留でお香典とお悔やみ状を出します。葬儀後に訃報を知ったときにも、お悔やみ状を出します。

お悔やみ言葉は意外と難しい

弔問に訪れたら、ご遺族や喪主に挨拶します。お悔やみの言葉は短く、少ない言葉で伝えるのがマナーとされるほか、宗教による違いにも注意しなければいけません。一般的な仏式では、「このたびはご愁傷さまです」「心よりお悔やみを申し上げます」などといいますが、神式やキリスト教式では別の言い方になります。また、何か気の利いたことをいう必要もなく、「なんと申し上げてよいのか……」「このたびは突然のことで……」などと途中で言葉を止めて一礼するだけでもかまいません。

宗教別お悔やみの言葉

仏式
「このたびはご愁傷さまです」
「心よりお悔やみを申し上げます」
「ご冥福をお祈りいたします」

神式
「御霊のご平安をお祈りいたします」
「拝礼させていただきます」

キリスト教式
「安らかにお眠りくださいますようお祈りいたします」

共通
「お参りさせていただきます」
「お別れさせていただきます」

葬儀・告別式にふさわしい男性の服装

葬儀・告別式に参列する男性の一般弔問客は、黒色のスーツに白無地のワイシャツ、黒色のネクタイ・靴下・靴が基本の喪服となります。お通夜は突然の訃報になるので、必ずしも喪服である必要はなく、地味な格好であればそのままの服装でかまいません。

葬儀・告別式にふさわしい女性の服装

葬儀・告別式に参列する女性の一般弔問客は、黒色のワンピースかツーピースに黒色のストッキングが基本です。靴も飾りのない黒色の靴にしましょう。夏は肌の露出に気をつけてください。お通夜は男性と同じく、地味な格好であればそのままの服装でかまいません。

お香典の相場

お香典としていくら包むかは、故人との関係の深さによって変わってきますが、相場は次のようになっています。またご祝儀は新札を包むのに対し、お香典は古いお札を包みます。

親	3万～10万円
叔(伯)父・叔(伯)母	1万～3万円
祖父母	1万～5万円
その他の親類	3,000～3万円
友人	5,000～1万円
友人の親	3,000～1万円
職場の上司	5,000～1万円
上司や同僚の家族	3,000～1万円

数珠（じゅず）の持ち方

仏式の葬儀・告別式なら、数珠を持参しましょう。宗派によって使い方は異なりますが、合掌するときには親指と人差し指との間にかけて手を合わせます。

数珠を親指と人差し指の間にかけて合唱する

帯祝い

犬の軽いお産にあやかりたい！戌の日に行われる儀式

赤ちゃんを身ごもった女性は、妊婦五ヵ月目の戌の日に岩田帯と呼ばれる腹帯を巻き、胎児の位置を安定させます。このお祝いの儀式を帯祝いといいます。

帯祝いが戌の日に行われるのは、犬のお産が軽いことにあやかるようにという安産の願いからです。また、犬はあの世とこの世を行き来する人間の魂を守ってくれる動物と考えられていました。そうしたところにも、帯祝いは由来します。

岩田帯は妊婦の実家がデパートや安産祈願の神社などで購入して奉書に包み、紅白蝶結びの水引をつけ、熨斗をつけて贈るのがしきたりです。

使える！知識　腹帯の巻き方

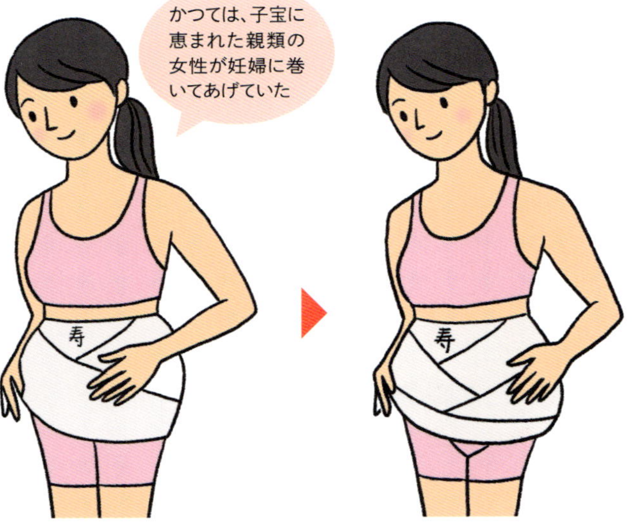

かつては、子宝に恵まれた親類の女性が妊婦に巻いてあげていた
寿
寿

1 下腹部から少しずつずらしながら、腹部を支えるように巻いていく

2 布の先端を帯の上部に挟み込んだら、上からショーツを履いて安定させる

お七夜（しちや）

生まれて七日目のお祝いの日に赤ちゃんに名前をつける

赤ちゃんが生まれて七日目には、夫婦と両家の両親が集まって名前をつけるお祝いをします。そのお祝い行事を、お七夜といいます。

お七夜では命名書をつくり、神棚の下などに張り出します。親にとっても一生の記憶に残る儀式です。

歴史をさかのぼると、平安時代には子どもが生まれた日を初夜（しょや）、三日目を三夜（さんや）、五日目を五夜（ごや）、七日目を七夜、九日目を九夜（きゅうや）として奇数日に成長を祈る産立（うぶた）ちの行事を行っていました。その後、江戸時代には七夜だけが残り、名づけがなされるようになったのです。

使える！知識 命名書の書き方と手順

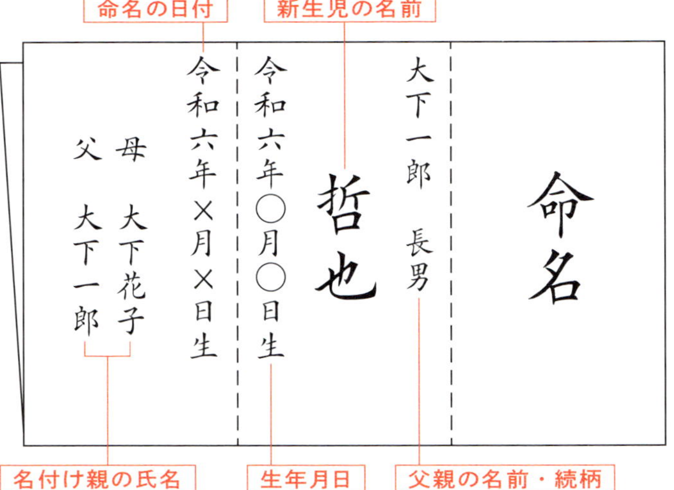

1. 奉書紙を横半分に折り、外側の片面に書く
2. 書き終えたら、左→右の順に三つ折りにし、右側に「命名」と記す

お食(く)い初(ぞ)め

一汁三菜のお膳に、なぜか「小石」が添えられている不思議

赤ちゃんが生まれてから百日目か百二十日目に行われる行事がお食い初めです。この行事は、その子が一生食べ物に困らないようにという願いを込めて行う儀式。はじめて箸(はし)を使って食べ物を与えることから、箸初(はしはじ)めとも呼ばれます。

その起源は平安時代にさかのぼります。当時はおかゆに入れたお餅を生後五十日目に食べさせる五十日(いか)の祝い、または百日目に食べさせる百日(ももか)の祝いという儀式がありました。

それだけではありません。赤ちゃんに魚を食べさせる魚味始(まなはじめ)というお祝いもあり、二つが結びついて今に伝わるお食い初めになったとも考えられています。

子供の名前を書いた小石の意味

お食い初めの基本的な献立は一汁三菜(いちじゅうさんさい)で、赤飯に汁物（お吸い物）、鯛(たい)などの尾頭つきの焼き物、煮物、香の物からなります。さらに「歯が丈夫になるように」と歯固めの意を込め、氏神様(うじがみ)の境内からいただいてきた小石を用意します。

そして祖父母や親戚内で最年長の人が養い親となり、赤ちゃんに料理を食べさせる真似をします。赤ちゃんはまだ歯が生えそろっておらず、料理は大人向けなので、あくまで食べさせる真似だけです。このとき、食べさせる順番に気をつけてください。

使える！知識　正しい順番で食べさせる

お食い初めの献立の例

煮物
季節の野菜、旬の食材を使うのがポイント

焼き魚
「めでたい」という意味で鯛の尾頭つきが多い

赤飯
魔除(まよ)けの効果がある赤い色のご飯

香の物
その家で手作りした漬物がよいとされる

汁物
蛤(はまぐり)などのお吸い物が一般的に

料理を食べさせる順番

※実際に食べさせず、食べさせる真似だけにとどめる

お宮参り

赤ちゃんとのはじめての外出は氏神様へのお披露目とご挨拶

お宮参りは、赤ちゃんのはじめての本格的な外出行事。男子は生後三十一日目、女子は三十二日目に近所の氏神様(うじがみ)にお参りすることが多いですが、七十五日目、百日目の地方もあります。

産婦の忌明け(いみあ)の儀式としてはじまったとされていますが、やがて赤ちゃんを氏神様に挨拶させ、その土地の仲間として認めてもらうための儀式になりました。

当日は赤ちゃんに母親の実家から贈られた産着(うぶぎ)を掛け、父方の祖母が赤ちゃんを抱いて参拝するのが正式な作法です。ただし最近は、親子だけでお参りするケースも増えています。

使える！知識　お宮参りの基本事項

お祓いのお礼は？

→神社で祈禱(きとう)やお祓(はら)いを受ける場合、「初穂料」を納める。相場は5000～1万円くらい。外袋の表書きは「初穂料」とし、下段には赤ちゃんの名前をフルネームで書く

初穂料
〇〇〇〇
赤ちゃんの名前

いつお参りするか？

→男子は生後31日目、女子は32日目に近所の氏神様にお参りする（地域によっては75日目、100日目のこともある）。大安がよいが、こだわりすぎる必要はない

どんな服装がよい？

父親は紋付に羽織袴、母親は紋付の着物、赤ちゃんには母親の実家から贈られた産着を掛けるのが正式だが、スーツや和服の訪問着でもよい

初誕生祝い

大きな餅を背負った子どもが泣けば泣くほど元気に成長する

子どもがはじめて誕生日を迎える日、すなわち満一歳の誕生日には、両親だけでなく祖父母らも集まって盛大にお祝いするのが常でした。

この初誕生祝いでは、お餅や赤飯、尾頭つきの鯛などを供し、子どもの健やかな成長を願います。

さらに、一升餅を風呂敷に包んで子どもに背負わせるお祝いの方法もあります。

一升餅とは、お米の一升と人の一生を重ねたお餅のこと。重さにすると約二キロあり、子どもがその重さでつぶれて泣けば泣くほど元気に成長するなどとされています。

使える！知識 一升餅で健やかな成長を祈る

- お餅につぶされて泣いてしまう→元気に成長する
- お餅が重くて転んでしまう→厄が落ちる
- お餅の重さで座り込んでしまう→ずっと家にいてくれる（家を継いでくれる）
- お餅の重さに負けず、立ち上がる→身を立てられる

七五三

「ここまで無事に成長しました」と、氏神様へのご報告

毎年十一月十五日、全国の神社の境内は、きれいに着飾った子どもたちで賑わいます。氏神様に成長を報告し、お祓いを受ける七五三の行事です。

昔は「七歳までは神のうち」といわれるほど、幼くして亡くなる子どもがたくさんいました。そこで人々は、子どもの健やかな成長に感謝し、さらなる幸福を願って氏神様にお参りしたのです。

なぜ七歳・五歳・三歳なのか？

七五三は基本的に三歳の男女、五歳の男子、七歳の女子のお祝いとなります。この年齢については、かつて行われていた儀式に由来しています。

男女三歳のお祝いは髪置きの儀。この儀式を機に、子どもたちはそれまで剃っていた髪を伸ばしはじめました。男子五歳のお祝いは袴着の儀。この儀式で子どもたちははじめて袴をつけ、碁盤の上に立ちました。女子七歳のお祝いは帯解きの儀。幼児の着物のつけ紐を外し、正式に帯を結ぶ儀式です。

七五三の行事のはじまりは室町時代とされており、江戸時代には五代将軍・徳川綱吉の病弱だった子が無事に成長したことを喜んで祝事を催しました。その日にちなんで、七五三の日にちは十一月十五日になったといわれています。

使える！知識 七五三の写真撮影のコツ

1 タイミング

着物を着て、長時間歩かされた子どもは疲れたり、ぐずったりしがちになるので、なるべく早めに撮影してしまう

2 場所

なるべく人混みのない場所を選ぶ。社殿の正面や鳥居の前、参道などは人が多いので、立ち止まっての撮影は困難。どうしても社殿をバックにしたいときには、午前中の早い時間帯に行う

3 目線

子供の目線まで低くなって撮影すると、子どもの見ている風景が感じられる写真になる

4 角度

子どもを真正面ではなく、やや斜めを向いて立たせる。それにより、動きや立体感のある写真が撮れる

しきたりの心

千歳飴（ちとせあめ）の意味

七五三のお参りに行くと、寺社などで千歳飴がもらえます。その名は「千年」に通じ、細長い形から長寿とつながり、七五三の定番となったものです。

十三参り

虚空蔵菩薩にお参りして知恵を授けてもらう関西発の風習

七五三のお祝いに続き、十三歳で行われるのが十三参り。四月十三日、数え年で十三歳になった子どもと親が寺社にお参りに行き、健康とご加護を願うものです。もともと関西の風習でしたが、次第に関東などにも広まってきました。

十三参りの由来のひとつは、平安時代の清和天皇が十三歳のときに京都の法輪寺で成人の儀式を行ったことにあるとされています。法輪寺のご本尊は十三番目の菩薩様である虚空蔵菩薩で、知恵を授けてくれるといわれています。

また十三参りでは、漢字一文字を書いて奉納する「一文字写経」が行われます。

一文字写経のおすすめ漢字

使える！知識

十三参りでは、子ども自身が漢字一文字を書いて奉納する風習がある

「知」
知識や知恵を得られるように

「友」
友人・仲間に恵まれるように

「健」
すこやかな毎日を送れるように

「進」
希望する路を進めるように

「美」
身も心もきれいで立派になれるように

「夢」
夢を実現できるように

「愛」
愛情にあふれた人生になるように

「一」
何かの分野で一番になれるように

「幸」
幸運に恵まれるように

「才」
才能に恵まれるように

自分の好きな漢字、目標となるような漢字を選ぶ

成人式

これで一人前の大人の仲間入り。人生の節目となる儀式

　現在は男女とも十八歳で成人しますが、二十歳で祝うしきたりが残っており、一月の第二月曜日の成人の日に自治体などで式典が行われています。

　かつての成人の儀式は、男子の場合は元服（げんぷく）といい、十一〜十七歳頃に髪形や服装を成人のものに変えました。一方、女子の場合は髪上（かみあ）げといい、十二〜十五歳頃に垂（た）れていた髪を結い上げました。これらの儀式を経て、男女とも一人前と認められ、結婚が可能になりました。

　貴族や武家の時代と現代社会は異なりますが、成人式が人生の大きな節目であることは今も昔も変わりません。

使える！知識　振袖の2つの効果

1 厄除けアイテム

長い袖を振ることによって悪い気が祓（はら）われ、災厄から逃れられる

2 良縁を呼び込む

長い袖を振ることによって神様を起こし（魂振り）、良縁を得られる

結納（ゆいのう）

プロポーズだけでは不十分？ 両家が共同で行う婚約の儀式

日本における結婚のスタイルは、鎌倉時代までは男性が女性の家に通う婿入り婚が一般的でした。

婿入り婚では、結婚の儀を行った後、夫が嫁の家に通う一定の期間を設け、子どもが産まれるなどしてから、夫婦親子で妻方に住む形が一般的でした。

それが戦国時代以降は、嫁が夫の家に嫁いでそのまま一緒に暮らす嫁入り婚になりました。現代の結婚はほとんどの場合、当人同士の意志で決まりますが、少し前までは家と家の結びつきが重視されていたのです。

その当時の慣習を象徴しているのが結納の儀式です。

女性宅に縁起物を持参する

結納とは、夫が嫁方に縁起物を持参して納める儀式。両家を結びつけ、親族になることを確認するために行われます。

平安時代に酒肴などを持参したのが結納のはじまりです。やがて夫方が花嫁の衣装など身の回り一式を贈り、嫁方は花嫁道具を用意して男性側に届けるようになりますが、そのうち物品から金銭へ変化していきました。

近年の結納は、夫方から嫁方へ結納金を贈るのが主流です。しかし簡略化が進んでおり、結納自体を行わないケースも増えているようです。

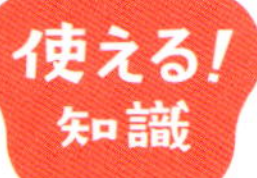

使える！知識 結納の儀式

結納品の飾り方（関東式）

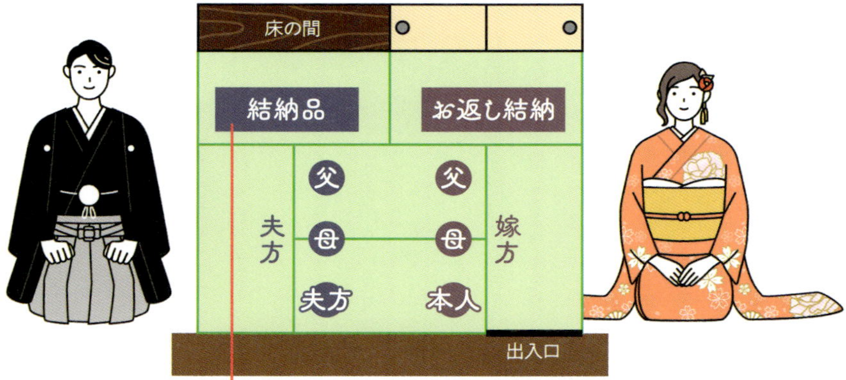
床の間
結納品
お返し結納
父
母
夫方
父
母
本人
夫方
嫁方
出入口

結納品の内容（関東式）

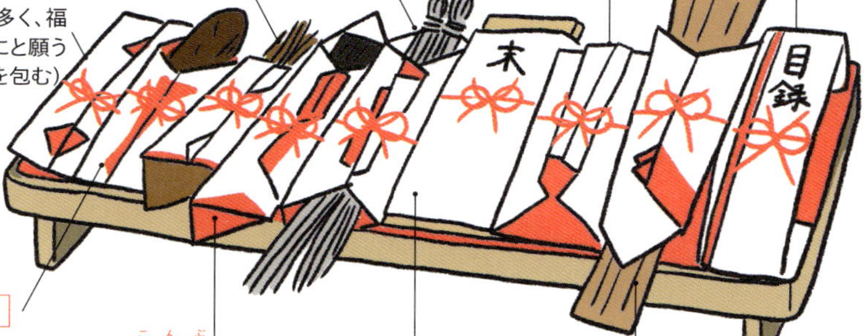
末
目録

寿留女（するめ）
スルメイカの干物。長く保存できることから、末永い幸せを願う

友白髪（ともしらが）
白い麻糸。「共に白髪が生えるまで」と仲睦まじい夫婦関係を願う

金宝包（きんぽうづつみ）
結納金が入っている

目録（もくろく）
結納品の品名・数を記す

家内喜多留（やなぎだる）
清酒。喜びが多く、福が訪れるようにと願う（現在は現金を包む）

勝男武士（かつおぶし）
鰹節。男性の力強さを象徴するとされる

子生婦（こんぶ）
昆布。繁殖力の強い昆布にあやかり、子孫繁栄を願う

末広（すえひろ）
扇子。扇子の末広がりの形が縁起のよさを象徴する

長熨斗（ながのし）
鮑を長く伸ばしたもの。不老長寿の象徴とされる

厄払い

人生に何度かやってくる厄年。その背景には何があるのか？

人には一生のうちで何度か、災難や病気などに見舞われやすいとされる年があります。いわゆる厄年です。

厄年は中国の陰陽道にもとづく考え方で、男性は数え年で二十五歳、四十二歳、六十一歳、女性は十九歳、三十三歳、三十七歳が厄年にあたります。

とくに男性の四十二歳と女性の三十三歳は「死に」「散々」と重なることもあり、最も重い大厄とみなされています。

そのため大厄の前後を含めた三年間は前厄、本厄、後厄といわれ、婚礼などのお祝い事はなるべく避けたほうがよいと考えられているのです。

寺社で厄除け祈願を

厄年とされる年齢を現代人に当てはめると、たとえば四十代の男性は働き盛りであったり、三十代の女性は子育てに忙しかったり大病を患いやすかったりして、心身ともに疲れやすい時期といえるでしょう。最近は厄年を単なる迷信としかとらえない人も多いようですが、そうした事情を考慮すると、少しは意識したほうがよさそうです。

厄払いを行う場合、神社やお寺に参拝してお祓いを受ける方法が一般的です。全国各地に厄除けスポットがあるので、足を運んでみるとよいでしょう。

使える！知識　厄年を知り、厄払いを行う

■ 厄年の一覧

男性			女性		
前厄	厄年	後厄	前厄	厄年	後厄
24歳	25歳	26歳	18歳	19歳	20歳
41歳	42歳（本厄）	43歳	32歳	33歳（本厄）	34歳
60歳	61歳	62歳	36歳	37歳	38歳

全国の著名な厄除けスポット

惣宗寺（栃木県佐野市）
「佐野厄除け大師」の名でも知られる。944年創建で、関東三大師のひとつ

津島神社（愛知県津島市）
1500年近い歴史をもち、疫病を封じる須佐之男命を主祭神とする神社

石清水八幡宮（京都府八幡市）
1月に行われる厄除大祭の期間には、多くの人々が厄除参りに訪れる

門戸厄神東光寺（兵庫県西宮市）
厄除開運の厄神明王が祀られている。関西を代表する厄払いのお寺

平間寺（神奈川県川崎市）
「川崎大師」の名でも知られる。厄除けをはじめ、諸願成就の護摩祈願を行っている

櫛田神社（福岡県福岡市）
博多祇園山笠が奉納される神社で、厄除けのご利益でも知られている

観福寺（千葉県香取市）
川崎大師・西新井大師とともに日本厄除三大師のひとつに数えられる古刹

長寿祝い

還暦を迎えて〝生まれ直す〟人に、赤いちゃんちゃんこをプレゼント

長生きはおめでたいことです。九月の第三月曜日が敬老の日とされ、高齢者を敬い、お祝いする風習が定着しています。

こうした風習は中国から伝わったもので、日本では奈良時代に聖武天皇の初老の賀（四十の賀）が行われたのがはじめてとされています。それが平安時代に定着すると、四十賀、五十賀として祝宴が催され、江戸時代になって還暦などが一般的になりました。

還暦で「生まれ直す」

現在では、還暦から祝うのが一般的になっています。そもそも還暦とは、干支が六十年かけて一周して生まれたときの干支に戻る「暦が還る」ことを意味し、「本卦還り」ともいいます。

還暦を迎えた人には、お祝いとして赤い頭巾とちゃんちゃんこを贈ります。これは干支が一巡して「生まれ直す」という意味と、赤い色がもつとされる「魔除け」の意味からきています。

還暦の後は中国の詩人・杜甫の「人生七十、古来稀なり」の詩の一節にちなんだ七十歳の古希、「喜」の草書体「㐂」が「七十七」と読まれることに由来する七十七歳の喜寿、「傘」の草書体「仐」が「八十」と読めることに由来する傘寿などと、百歳を超えても長寿祝いが続いていきます。

使える！知識

長寿祝いとお祝いのしかた

数え年（満年齢）	名称	由来	お祝いのしかた
61歳（満60歳）	還暦（かんれき）	干支が一周してもとに戻ることから。「本卦還り」ともいう	赤い頭巾とちゃんちゃんこを贈る
70歳（満69歳）	古希（こき）	中国の詩人・杜甫の「人生七十、古来稀なり」の詩の一節から	食事会や家族旅行をする
77歳（満76歳）	喜寿（きじゅ）	「喜」の草書体「㐂」が「七十七」と読まれることから	紫色の品を贈る
80歳（満79歳）	傘寿（さんじゅ）	「傘」の草書体「仐」が「八十」と読まれることから	金色を基調にした品を贈る
81歳（満80歳）	半寿（はんじゅ）	「半」の字を分解すると「八十一」となることから	食事会をしたり、花を送る
88歳（満87歳）	米寿（べいじゅ）	「米」の字（古い中国の書体）を分解すると「八十八」となることから	お米を連想させる品を贈る
90歳（満89歳）	卒寿（そつじゅ）	「卒」の略字「卆」が「九十」と読まれることから	紫のちゃんちゃんこを贈る
99歳（満98歳）	白寿（はくじゅ）	「百」の字から「一」をとると白になることから	白いちゃんちゃんこを贈る
100歳（満99歳）	紀寿（きじゅ）	百年は1世紀になることから。百寿、上寿ともいう	金色か白色の品を贈る
108歳（満107歳）	茶寿（ちゃじゅ）	「茶」の字を分解すると、二つの「十」と「八十八」になり、合わせて108となることから	お茶を贈る
111歳（満100歳）	皇寿（こうじゅ）	「皇」の字を分解すると百から一をとった「白」と、「一」と「十」と「一」から成り立っていることから	たいへんな高齢なので本人の負担にならないようなお祝いの仕方を考える

忌日

多くの法要が行われるなかで初七日と四十九日が重視される理由は？

人が亡くなると、初七日、四十九日（七七日）、一周忌、三回忌などの法要が行われます。故人を偲んで冥福を祈り、感謝の気持ちを捧げる行事です。この忌日には、次のような意味があります。

仏教では、死者は四十九日かけて中陰という世界（現世と来世の間）を進んでいき、七日目ごとに七回、生前の行いに対する裁判にかけられると考えられています。

そして最後の四十九日目に閻魔大王の判決が下され、死者の魂の行き先が六道（地獄道・餓鬼道・畜生道・修羅道・人間道・天道）のどこになるかが決まるとされます。

そのため初回（七日目の初七日）と最後（四十九日）には、故人がよい世界に生まれ変われるよう、とくに丁重に供養されるのです。

三十三回忌まで続く

百日目に行われる百箇日の法要の後は、亡くなった月と同じ月に一周忌が行われます。それ以降、三回忌、七回忌、十三回忌……と続き、三十三回忌まで行うのが一般的です。三十三回忌で法要を打ち切ることを弔い上げといいます。

なお、神道では一年祭、三年祭、五年祭、十年祭、五十年祭などという式年祭（年祭）を行い、死者の魂は年数を経るごとに浄化されると考えられています。

使える！知識

仏式の法要

名称	時期
初七日	死後7日目
二七日	14日目
三七日	21日目
四七日	28日目
五七日	35日目
六七日	42日目
七七日	49日目
百箇日	100日目
一周忌	満1年
三回忌	満2年
七回忌	満6年
十三回忌	満12年
十七回忌	満16年
二十三回忌	満22年
二十七回忌	満26年
三十三回忌	満32年
三十七回忌	満36年
五十回忌	満49年

仏教では故人の魂の行き先が49日まで決まらず、この世とあの世の間をさまよっているとされる。初七日は最初の審判が下される日であり、ここから7日ごとに裁きが行われる。したがって、7日ごとに追善供養が行われることになる

49日目の七七日には最終審判が下され、故人の魂の来世における行き先が決められる。その後、100日目に百箇日供養が行われると、次は一周忌となる

年忌法要は一周忌、三回忌、七回忌、十三回忌、十七回忌…と続く。そして三十三回忌を迎えると、そろそろ子どもが葬式を迎える年齢に達し、「弔い上げ」と呼ばれる追善供養の最終年忌とすることが多い

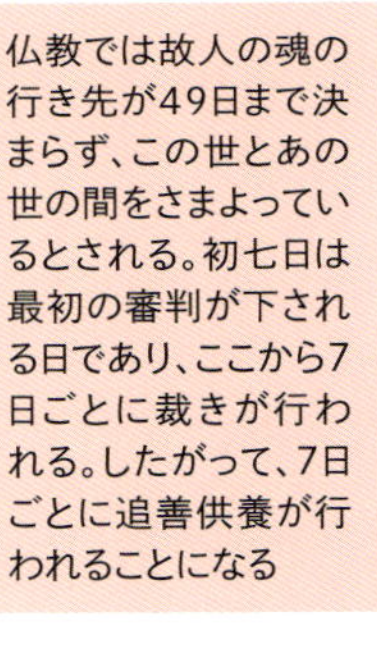

しきたりの心

神道の年祭

神道では、亡くなった人は年数を重ねれば重ねるほど、魂の穢(けが)れが浄化されていきます。そして個性が失われ、先祖の霊に近づいていくと考えられています。

こらむ

しきたりの真相を探る！

「一姫二太郎（いちひめにたろう）」は男の子２人、女の子１人ではない？

「一姫二太郎」という言葉の意味を、「子どもは女の子１人、男の子２人がよい」という言い伝えだと思い込んでいる方はいないでしょうか。それは誤解です。

「一姫二太郎」は子どもの性別や数をあらわす言葉ではなく、「最初の子どもは女の子が、次の子どもは男の子がよい」という意味になるのです。

「一姫二太郎」が理想とされる理由は、女の子のほうが育てやすいと考えられていたからです。女の子はおとなしい性格の子が多く、親の言うことをよく聞くのに対し、男の子は活発すぎて手に負えなくなりがちとされます。そのため、１人目が女の子で子育てに慣れていると、次に生まれた男の子に対応しやすいというわけです。

また、戦後になるまで日本の乳幼児死亡率は高く、小さいうちに亡くなる子どもがたくさんいました。そうしたなか、死亡率が低いのは女の子のほうでした。当時の人は、女の子のほうがたくましいことを経験的に知っており、「一姫二太郎」というようになったと考えられます。

「乳歯が抜けたら上の歯は縁の下に、下の歯は屋根に」はなんのため？

子どもの乳歯が抜けたとき、「上の歯は縁の下に、下の歯は屋根に」といわれます。乳歯を生えていた向きのほうへ投げることにより、丈夫な永久歯が生えてくると信じられていたのです。

地方によっては「丈夫な歯にな一れ」と言いながら、あるいは「ネズミの歯と替えておくれ」などと唱えるところもありました。

歯を放り投げるとは乱暴に思われるかもしれませんが、そんなことはありません。むしろ逆です。役目を終えた乳歯に感謝しつつ、無限に広がる空間へ送り出し、立派な永久歯が生えてくるようにと祈ったのです。ネズミや鬼の歯と替えてほしいと唱えるのは、丈夫な歯の持ち主だからにほかなりません。歯を放り投げる屋根や縁の下もネズミが盛んに活動する場所です。

興味深いのは、同じような発想をする地域が日本以外にもあることです。たとえば複数の国では、ネズミの穴に乳歯を入れます。他の国では、太陽や月、リスなどに「丈夫な歯が生えますように」とお願いしながら、頭越しに後ろに投げたりするそうです。

主な参考文献

『図解 日本人なら知っておきたい しきたり大全』●岩下宣子（講談社）
『暮らしに生きる俗信 60話』●井之口章次（講談社）
『日本人のしきたり』●飯倉晴武（青春出版社）
『日本人 祝いと祀りのしきたり』●岩井宏實（青春出版社）
『江戸のことわざ』●丹野 顯（青春出版社）
『市田ひろみの日本人でよかった 年中行事としきたり』●市田ひろみ（東京書籍）
『暮らしの「しきたり」がわかる本』●山本三千子（三笠書房）
『日本人なら知っておきたい！［図解］神道としきたり事典』●茂木貞純監修（PHP研究所）
『先祖供養のしきたり』●新谷尚紀（ベストセラーズ）
『日本を楽しむ年中行事』●三越（かんき出版）
『民俗小事典 死と葬送』●新谷尚紀　関沢まゆみ編集（吉川弘文館）
『神道用語の基礎知識』●鎌田東二（KADOKAWA）
『しきたりの日本文化』●神崎宣武（KADOKAWA）
『「まつり」の食文化』●神崎宣武（角川学芸出版：KADOKAWA）
『年中行事事典 改訂版』●田中宣一　宮田登編集（三省堂）
『年中行事を「科学」する』●永田久（日本経済新聞出版）
『親子でたのしむ日本の行事』●平凡社編（平凡社）
『仏教儀礼辞典』●藤井正雄編集（東京堂出版）
『和のくらし・旧暦入門 ― こころが豊かになるヒントがいっぱい！』●（洋泉社）

写真提供

PIXTA

【監修者略歴】

永田美穂（ながたみほ）

中国・上海生まれ。日本経済新聞社（月刊誌編集）勤務後、仏教史の編集主幹などを歴任しつつ、NHKや民放各局のテレビでも活躍。現在は執筆・講演を中心に活動中。主な著書・監修に[図説]面白くてためになる! 日本のしきたり』（PHP研究所）、『冠婚葬祭手紙のマナー：自分の心の伝え方』（KKベストセラーズ）、『[図解]仏教13宗派がよくわかる本』（リベラル社）、『図説 ここが知りたかった! 日蓮と法華経』（青春出版社）などがある。

【STAFF】

装丁・本文デザイン／柿沼みさと
本文 DTP／伊藤知広（美創）
本文イラスト／いわせみつよ
編集／株式会社ロム・インターナショナル

ビジュアル版
一冊でつかむ日本のしきたり

2024年12月20日　初版印刷
2024年12月30日　初版発行

監　修　|　永田美穂

発行者　|　小野寺優
発行所　|　株式会社河出書房新社
〒162-8544
東京都新宿区東五軒町2-13
電話 03-3404-1201（営業）
03-3404-8611（編集）
https://www.kawade.co.jp/

印刷・製本　|　三松堂株式会社

Printed in Japan
ISBN978-4-309-62961-2